Monika Reißer

CAIRN TERRIER

Kosmos

So sind Cairn Terrier ▸ 4

Ein Cairn Terrier zieht ein ▸ 14

Gesunde Ernährung ▸ 30

Richtige Pflege ▸ 42

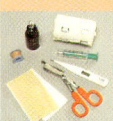

Rundum gesund ▸ 54

Erziehung leichtgemacht ▸70

Freizeitpartner Cairn Terrier ▸86

Cairn Terrier züchten ▸97

Service ▸111

So sind Cairn Terrier

So sind Cairn Terrier

▶ Allgemeine Beschreibung

Dieser lebhafte, lustige und sehr aktive Hund mit einem gewissen Hang zur Selbständigkeit gehört zu den kleinen Hunderassen. Ursprünglich als Arbeitsterrier für die Jagd auf Niederwild gezüchtet, hat er sich zu einem hervorragenden kinderfreundlichen Familienhund entwickelt und paßt sich aufgrund seiner Größe den menschlichen Verhältnissen und deren Umgebung bestens an. In der Wohnung ist er ruhig und kein Kläffer, draußen zeigt er sein unerschrockenes Terrier-Temperament.

Der Name des Cairn Terrier:

Das Wort Cairn wurde wahrscheinlich vom gälischen Wort »carn« abgeleitet. Es bedeutet übersetzt soviel wie Stein, Geröll oder Steinhaufen, aber auch Hünengrab und spielt sowohl auf die Herkunft als auch auf die Fellfarbe der Hunde an.

ERSCHEINUNGSBILD ▶ Im Fell des Cairn Terriers spiegeln sich die Farben des Felsgesteins seiner schottischen Heimat wider.

Es darf alle Farben von weizenfarben über rot, hellgrau bis dunkelgrau aufweisen und in all diesen Farben auch gestromt sein. Große, weiße Flecken können durch die frühere Verpaarung mit dem West Highland White Terrier vereinzelt vorkommen, der Standard erlaubt sie aber genausowenig wie ein reinweißes oder ganz schwarzes Haarkleid.

Das Fell besteht aus harschem, jedoch nicht drahtigem Deckhaar und weicher, dichter Unterwolle. Dieses Haarkleid macht den Cairn wetterfest und läßt ihn struppig – »rugged« – oder zottig – »shaggi« – aussehen. Er soll aber weder einen ungepflegten, noch durch übertriebenes Trimmen eleganten Eindruck machen.

Die britische Gewichtseinheit »stone« (Stein) beträgt 14 englische Pfund, das sind etwa 6 kg. Dieses Gewicht schrieb der Standard schon von Anfang an für die Rasse vor. Der Cairn darf nicht zu dick werden, soll aber auch keine eingefallenen Flanken haben. Mit seiner Größe von 28–31 cm Schulterhöhe und einem Idealgewicht von 6–7,5 kg ist der Cairn Terrier ein richtig »handlicher« Hund, bei dem man sich gut vorstellen kann, daß er problemlos überallhin mitgenommen werden kann.

Durch seinen kleinen, keilförmigen Kopf, der gut behaart sein soll, die dunklen, haselnußbraunen, mittelgroßen, leicht mandelförmigen Augen und die kleinen, spitzen, aufmerksam getragenen Ohren erhält der Cairn Terrier den unverwechselbaren fuchsartigen Ausdruck (»foxy expression«). Ein langer, markanter Fang und Ohren, wie sie der Scottish Terrier besitzt, sind nicht gewünscht und würden dem Typ des Cairn nicht entsprechen.

Die Rute darf weder zu dünn, noch zu kurz oder zu lang sein. Rutenspitze und Ohrenspitzen sollen die gleiche Höhe haben. Der Cairn Terrier teilt seine Lebensfreude durch die Rute mit. Er trägt sie hoch erhoben und »fröhlich«, was aber nicht heißt, daß er sie überziehen soll, also nach vorne über den Rücken neigen.

Eine gute Halslänge, schräg zurück-gelagerte Schultern und eng anliegende Ellenbogen ermöglichen die freie Vorderhandbewegung. Er darf nicht die geradlinige Front eines hochläufigen Terriers haben. Die Bewegungsharmonie seines kräftig gebauten Körpers ist bei einem Cairn Terrier besonders wichtig. Er darf weder trippeln noch stelzen, sondern er muß raumgreifend gehen. Mit einem festen, mittellangen und geraden Rücken, weit ausgreifenden Vorderläufen und einem kräftigen Schub aus gut bemuskelter Hinterhand hat er ein ausgeglichenes Gebäude, welches den Cairn Terrier zu einem unermüdlichen, problemlosen Begleiter auch auf längeren Märschen macht. Durch seine kräftigen, geschlossenen Pfoten sind auch größere Wanderungen in unwegsamem Gelände kein Problem für ihn.

Fast könnte man sagen, der Cairn Terrier sei ein mittelmäßiger Hund. Das ist keinesfalls abwertend gemeint, sondern bedeutet: »medium« in seinem Äußeren und in seinen Proportionen.

WESENSART ▶ Bis ins hohe Alter von ungefähr 15 Jahren, das er mühelos erreicht, wird ein Cairn Terrier seine Fröhlichkeit, Anhänglichkeit und sein Interesse an der Umwelt behalten.

Wer einen Cairn Terrier kennengelernt hat, kann sich nur den Worten anschließen, mit denen ihn Gräfin Aya von Hagen schon 1935 beschrieb: »Wer koboldartige Wesen liebt, scheinbar über alle Zwecke erhaben, nur um der Daseinsfreude willen, ein Stück Temperament und dem Schöpfer bei der Weltschöpfung so nebenher liebenswürdig entglitten, der lerne den Cairn Terrier kennen.«

F.C. Crawford mit seinem Cairn Terrier im Jahr 1904

»Ein Dandie Din-
mont und zwei
Cairns bei der Jagd«
(Ölgemälde von
George Armfield)

Diese Zeilen werden Ihnen aus dem Herzen sprechen, wenn Ihr kleiner Kobold auf dem Feld oder im hohen Gras herumtollt, wenn Sie zusehen, wie er »Männchen« macht, mit allen vier Beinen gleichzeitig in die Luft hüpft, springt und tobt. Oder wenn er Sie liebevoll und treu ergeben anhimmelt und dazu noch in den verschiedensten Tönen singt.

▶ Ursprüngliche Verwendung

Der Cairn Terrier stammt von der westlichen Küstenlandschaft des schottischen Hochlands und den vorgelagerten rauhen Inselgruppen, den Hebriden, besonders von der Insel Skye. Diese gab ihm auch seinen ursprünglichen Namen: »Kurzhaariger Skye Terrier«. Erste Aufzeichnungen über die zur Jagd genutzten Terrier machte im Jahr 1436 der Bischof von Rosy, John Lesley. Er beschreibt darin niederläufige Hunde, die in unterirdische Bauten und Schlupfwinkel kriechen, um dort Füchse, Dachse, Marder und Wildkatzen aufzustöbern, zu jagen und zu töten.

Aus dem 16. Jahrhundert wurde überliefert, daß es diese Terrier, sogenannte »Erdhunde«, in Argyllshire gegeben hat. In den oben beschriebenen Gebieten wurden diese Hunde von einigen Familien (Clans) gezüchtet, um sie auf kleines Wild anzusetzen, welches diese Hunde in den Felshöhlen aufstöberten. Diese widerstandsfähigen, mutigen Terrier sollten nicht nur Raubzeug wie Ratten und Mäuse kurzhalten, sondern wurden auch zur Jagd abgerichtet. Für die ihnen zugedachten

cremefarben oder weiß waren – die späteren West Highland White Terrier. Es ist wohl sicher, daß alle vier schottischen Terrierrassen – West Highland White, Cairn, Scottish und Skye Terrier – den gleichen Ursprung haben.

Der Cairn Terrier hat sich seine Ursprünglichkeit und Arbeitsfreude erhalten. Auch heute noch werden einige von ihnen weiterhin jagdlich geführt, verrichten Fährtenarbeit oder sind sogar als Drogenspürhunde tätig. Hier bringt ihnen ihre kleine Statur den Vorteil, daß sie auch Verstecke aufstöbern, in die ein großer Hund nicht hineinkommt.

Mrs. Alastair Campbell und ihr Champion »Gesto« im Jahr 1912

▶ Entwicklung und Geschichte

Die erste Abbildung eines schottischen Jagdterriers findet sich im Jahr 1792, weitere stammen vom Ende des 18. und dem Beginn des 19. Jahrhunderts. Damals wurden die Terrier als lang im Rücken mit kurzen Läufen und fuchsigem Ausdruck beschrieben.

1870 wurde der erste Zwinger für schottische Terrier durch Dr. Van Best gegründet, der die Hunde »Shortcoated Skyes« nannte. Er war so von diesen Terriertypen begeistert, daß er sich Zuchttiere an den Ursprungsorten auswählte. 1909 wurden die ersten vier Terrier dieser Rasse von Mrs. Alastair Campbell aus Ardrishaig am Loch Fyne und von Mrs. Macdonald in Inverness auf einer Hundeausstellung gezeigt. Dort erregten sie großes Aufsehen, auch weil diese Rasse noch nicht vom Kennel Club anerkannt worden war. Mrs. Campbells Mutter, Lady Monro, hatte die Kurzhaarskyes schon über viele Jahre gezüchtet, nachdem sie 1875 ein solches Tier geschenkt bekommen hatte.

Aufgaben wurden bestimmte Körpereigenschaften und -beschaffenheiten vorausgesetzt. Dies schloß die Gebißform, die Lage und Größe der Augen, aber auch das rauhe Haarkleid mit wärmender Unterwolle mit ein – der erste Schritt zum Rassestandard. Sie wurden einfach und bei karger Kost in der Meute gehalten.

Jeder Farmer züchtete seinen eigenen speziellen Terriertyp. Einige Familien bevorzugten auch bestimmte Farben; so die Macdonalds aus Waternish dunkelgraue und gestromte, die Macleods aus Drynoch silbergraue und die Mackinnons aus Kilbride sowohl cremefarbene, rote, gestromte als auch fast schwarze Terrier. Der Roseneath-Clan kreuzte seine Tiere mit denen der Malcolms aus Poltalloch, deren Hunde

1910 erhielt die Rasse den Namen Cairn Terrier, um eine offizielle Trennung zur Rasse der Skye Terrier durchzusetzen. 1911 wurde der erste Standard in Edinburgh aufgestellt, der noch heute in vielen wesentlichen Punkten seine Gültigkeit hat. 1912 wurde die Rasse als letzte der vier schottischen Terrier anerkannt und erhielt beim Kennel Club ein eigenes Register. Nun war es möglich, auch Champion-Titel zu erringen. Der erste Cairn Terrier Champion war »Gesto« von Mrs. Campbell, dessen Vater ein West Highland White Terrier war. Bis 1916 wurde in Amerika das Kreuzen von West Highland White mit Cairn Terriern geduldet, in England sogar bis 1924.

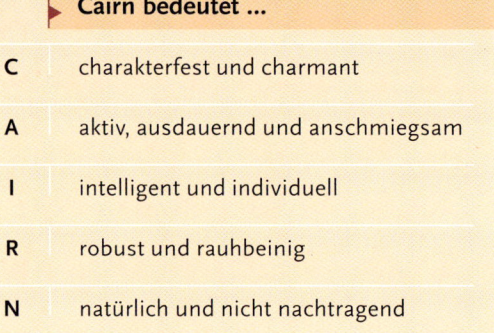

Cairn bedeutet ...

C	charakterfest und charmant
A	aktiv, ausdauernd und anschmiegsam
I	intelligent und individuell
R	robust und rauhbeinig
N	natürlich und nicht nachtragend

Viele Urlauber brachten in den 20er Jahren Cairn Terrier aus Schottland mit nach Hause. Nachdem der damalige Prince of Wales, der später zum König gekrönt wurde, sich mit seinen Cairn Terriern in der Öffentlichkeit zeigte und fotografiert wurde, setzte in England ein Cairn-Terrier-Boom ein, und so wurde der Cairn Terrier ein allseits beliebter Familienhund. Auf englischen Hundeausstellungen ist es immer noch die am meisten gezeigte Terrierrasse.

1928 und 1929 wurden die ersten in Deutschland geborenen Cairn Terrier-Welpen ins Zuchtbuch eingetragen.

In den letzten Jahren werden jährlich ca. 1000 Cairn Terrier im Zuchtbuch des Klubs für Terrier (KfT) registriert, ihre Popularität steigt noch immer. Durch Film, Fernsehen, Zirkus und auch durch Zeitschriften werden immer mehr Menschen auf den Cairn Terrier aufmerksam. Wir Cairn Terrier-Züchter wünschen uns aber, daß aus dieser liebenswerten Rasse kein Modehund wird, obwohl ein Trend zu diesem pflegeleichten und gesunden Kleinhund durchaus zu erkennen ist.

► ### Eigenschaften und Bedürfnisse

Flink, aufmerksam, urwüchsig, aktiv, mutig, furchtlos, fröhlich und selbstsicher: diese Eigenschaften spricht man dem Cairn Terrier zu, und so sollte er sich zeigen. Kindern – und Erwachsenen – ist er nicht nur ein treuer Begleiter und Tröster in traurigen Stunden, er verträgt auch manchen Knuff und wird trotzdem nicht aggressiv. Jederzeit ist er zum Ballspielen, Toben und Verstecken aufgelegt, kann aber genauso ein mutiger Aufpasser und Verteidiger sein, der mit scharfem Bellen Gefahren anzeigt.

Jeder Cairn Terrier entwickelt sich zu einer eigenen Persönlichkeit, seine Intelligenz und gewisse Eigenwilligkeit erfordert allerdings eine konsequente Erziehung. Gemeinsame Freizeitaktivitäten wie Wandern, Radfahren, Autofahren oder Segeln wird der Cairn Terrier genießen. Wasser lieben die meisten Vertreter dieser Rasse. Auch für gemeinsame Gartenarbeit lassen sich viele begeistern, wobei sie besonders gerne hinter Ihrem Rücken ihre eigenen Vorstellungen von Landschaftsgestaltung entwickeln und ausführen.

▶ Ansprüche an den Halter

Wenn Sie sich für einen Cairn Terrier entscheiden, wählen Sie Ihren Hund bei einem anerkannten Züchter aus. So tun Sie den ersten und entscheidensten Schritt, um einen gesunden und wunderbaren Kameraden zu bekommen. Die Zuchttiere, die Eltern und die Wurfgeschwister müssen sich, wie im Rudel erforderlich, verträglich verhalten. Einem Cairn Terrier kommt es nicht darauf an, wie komfortabel Sie wohnen, sondern ihn interessiert das Zusammenleben mit Ihnen. Eine Etagenwohnung in der Stadt ist ihm genauso recht wie ein Haus auf dem Land. Er braucht nur immer ausreichend Auslauf, um seine Energie loszuwerden und dabei seine Umwelt täglich neu zu erkunden. Er ist kein Zwingerhund, der nur versorgt werden muß und den man hervorholt, wenn man gerade Lust dazu verspürt. Darunter würde seine seelische Verfassung leiden. Wie jedem Hund müssen Sie auch dem Cairn täglich Zeit für Bewegung, Fütterung, Erziehung, liebevolle Zuwendung und Pflege widmen. Der Aufwand ist jedoch selten groß, und die Handgriffe sind für jeden leicht und schnell zu lernen.

»Schottisches Grabewunder« – vor lauter Wonne über ein Mause- oder Kaninchenloch vergißt der kleine Erdarbeiter seine Umwelt.

Unerschrockene
Lebensfreude und
ein hervorragendes
Sozialverhalten im
Rudel zeichnen den
Cairn Terrier aus.

Stöckchenspiele – nicht zu vergessen das ausgiebige Benagen der »Beute« – gehören zu den großen Leidenschaften eines Cairn Terriers.

Der Cairn Terrier ist ein großer Hund im Kleinformat, der alles mitmacht, was Sie oder Ihre Familie vorhaben, der Sie lieben wird und natürlich auch erwartet, daß man ihn liebt. Bei aller Rauhbeinigkeit und trotz seines burschikosen, selbstbewußten Auftretens ist er doch auch sensibel und anschmiegsam. Spaß, Spiel und evtl. auch die Arbeit auf dem Hundeplatz lassen ihn zur Höchstform auflaufen. Er muß aber liebevoll und konsequent erzogen werden, damit er von Anfang an lernt, wo seine Grenzen sind.

Den Umgang mit anderen Tieren liebt er, erkennt sogar Kaninchen, Meerschweinchen oder Katzen im eigenen Haushalt als Rudelmitglieder an und soll von klein auf daran gewöhnt werden. Das hält ihn aber nicht davon ab, Nachbars Katze oder wild lebende Kaninchen mit Begeisterung zu verfolgen.

Für den Cairn Terrier als Rudeltier ist es besonders wichtig, schon frühzeitig Kontakt zu anderen Hunden zu haben, am besten schon von Anfang an bei Besuchen in einer Welpenspielschule. Genauso zählen die Menschen zu den Rudelmitgliedern, und er muß auch lernen, zwischen ihnen seinen Platz zu finden und anzuerkennen.

Es spricht für die Rasse, daß viele Cairn Terrier-Besitzer nicht nur einen, sondern gleich zwei Hunde dieser liebenswürdigen Rasse besitzen und sich auch wieder einen neuen Cairn aussuchen, wenn ihr alter Kamerad gestorben ist.

Ein Cairn Terrier zieht ein

Ein Cairn Terrier zieht ein

Auch ein erst im Erwachsenenalter übernommener Cairn kann ein treuer Begleiter werden.

▶ Wichtige Überlegungen

Die Amerikaner sagen »to adopt a dog« – einen Hund adoptieren. Ich finde, dieser Ausdruck beschreibt die Anschaffung eines Hundes am allerbesten. Doch vor jedem Tun muß immer die Überlegung stehen. Wenn Sie sich ein Auto kaufen wollen, werden Sie sich das vorher überlegen. Ein Cairn Terrier lebt etwa 15 Jahre an Ihrer Seite – also muß auch das gut überlegt sein. Die meisten Fehler werden schon bei der Anschaffung eines Hundes gemacht. Sie werden viel Ärger, Probleme und Enttäuschungen vermeiden können, wenn Sie sich rechtzeitig informieren.

Denken Sie schon im Vorfeld über die wichtigsten Punkte nach. Warum wollen Sie sich einen Hund anschaffen und wozu? Es muß Familienrat gehalten werden, damit alle Familienmitglieder im Vorfeld erkennen können, daß ein neuer Hausgenosse für jeden Veränderungen mit sich bringt – positive wie negative. Haben Sie genug Zeit? Wer kümmert sich während des Urlaubs oder einer Krankheit um das Tier? Ist der finanzielle Rahmen gesichert? Welche Rasse paßt zu mir? Rüde oder Hündin? Erlaubt der Vermieter Hundehaltung?

ZEITAUFWAND ▶ Fangen wir mit der Zeit an. Ein Cairn Terrier wird Sie ungefähr 15 Jahre Ihres Lebens begleiten. Berufliche Veränderungen, Umzüge, Partnerwechsel, alle diese Dinge können in dieser Zeit auf Sie zukommen. Die Kinder werden größer und haben oft keine Lust mehr, sich mit dem Hund zu beschäftigen. Sind dann die Eltern bereit, den Hund zu übernehmen? Etwa viermal am Tag müssen sie mit dem Cairn spazierengehen und außerdem noch mit ihm spielen. Einmal in der Woche ist gründliche Fellpflege mit Kämmen und Bürsten nötig. Solange der Cairn Terrier noch ein Welpe ist, braucht er viel Aufmerksamkeit und Zuwendung. Die Sauberkeits- und Grunderziehung muß sehr konsequent durchgeführt werden – und auch das kostet Zeit. Wer bringt den Hund zum Tierarzt? Ist jedes Familienmitglied bereit, seine Pflichten zu übernehmen? Sind Sie allein, muß vor dem Hundekauf abgeklärt werden, wo der Hund im Krankheitsfall, während des Urlaubs oder auch in Notfällen sicher versorgt wird.

Wenn alle diese Dinge kein Problem sind, gehen wir weiter zum nächsten Punkt, über den Sie auf jeden Fall nachdenken sollten.

KOSTEN ▶ Zu den Anschaffungskosten, die bei einem Cairn Terrier bei ca. 1400 DM bis 1800 DM liegen – wobei die besten Züchter oft nicht die teuersten sind –, kommen natürlich zuerst auch einmal die Kosten für die Grundausstattung (siehe Checkliste S. 25). Hundeliebe geht natürlich auch durch den Magen; die Futterkosten bei einem Hund dieser Größe sind zwar nicht gewaltig, aber summieren sich doch. Regelmäßiges Impfen und Entwurmen ist nötig – und kostet Geld. Er kann auch einmal eine Bißverletzung oder einen Unfall haben, dann kommen zusätzliche Tierarztkosten auf Sie zu. Zwei- bis dreimal im Jahr sollte sein Fell getrimmt werden, was Pflegekosten verursacht, wenn Sie diese Arbeit nicht selbst erlernen wollen. Die Hundesteuer ist in einigen Städten recht teuer geworden, eine Hundehaftpflichtversicherung ist unerläßlich, aber nicht unerschwinglich. Eine neue Hose können Sie privat ersetzen, im Falle eines Unfalls, evtl. sogar mit Personenschaden, den Ihr Cairn Terrier verursacht, sind wohl jedem finanzielle Grenzen gesetzt. Eine Krankenversicherung lohnt sich in den meisten Fällen nicht. Impfungen, Kastrationen und einige andere Dinge sind bei diesen Versicherungen nämlich meist nicht abgedeckt.

RASSEAUSWAHL ▶ Die Frage, welche Rasse zu Ihnen oder Ihrer Familie paßt, sollten Sie sich unbedingt stellen, damit es später keine Probleme gibt. Wie groß darf der Hund in meinem häuslichen Umfeld sein? Darf er Treppenstufen laufen und wieviel? Kann ich ihn überall mit hinnehmen, oder braucht er vielleicht einen Zwingerauslauf? Möchte ich ihn im Urlaub regelmäßig

mitnehmen, und habe ich genug Platz im Auto? Ist er zu groß für Flugreisen? Wieviel Schmutz macht er? Stört es mich sehr, wenn das »schottische Grabewunder« meinen Garten nach seinem Geschmack verändert? Kann ich mich bei der Erziehung ruhig und konsequent durchsetzen? Haart er viel? Wie sieht es in der Nachbarschaft mit Hunden aus, speziell mit Rüden oder Hündinnen? Könnte es Ärger mit Nachbarn geben?

Es fallen, wie Sie sehen, noch viele Fragen an, die Sie im Vorfeld abzuklären haben, um »Ihre« Rasse zu finden. Der Vorteil bei einem Rassehund ist ja, daß Sie schon vorher recht genaue Informationen über Charakter, Größe, Haarqualität, Pflege- und Futterauf-

Vertrauensvoll legt sich der Welpe auf den Rücken, um sich den Bauch kraulen zu lassen.

wand, Auslaufbedarf und noch mehr bekommen können. Nur weil ein Welpe so süß aussieht, sollten Sie ihn nicht schnurstracks mit nach Hause nehmen – das böse Erwachen bleibt dann vielleicht nicht aus.

RÜDE ODER HÜNDIN ▶ Ob Sie sich für eine Hündin oder einen Rüden entscheiden, hängt von verschiedenen Faktoren ab. Rüden wirken oft dominanter und bleiben an jeder Hausecke oder jedem Baum stehen, um ein paar Tropfen Urin abzusetzen und ihr Revier zu markieren. Sie können aber trotzdem lieb und verschmust sein. Bei der Erziehung allerdings braucht man meist mehr Durchsetzungsvermögen.

Hündinnen unterliegen ihrem Hormonzyklus, der sie manchmal unleidlich werden läßt, und Sie haben etwa zweimal im Jahr Probleme mit der Läufigkeit und dem Besuch »heiratswilliger« Rüden. Hündinnen sind sowohl verschmust als auch eigenwillig. Viele Hündinnen werden heute nach der ersten Hitze kastriert. Das verhindert zum einen Brustdrüsenkrebs und Gebärmutterentzündungen, zum anderen werden sie auch nicht mehr scheinschwanger. Nach neuesten Erkenntnissen bekommen sowohl Rasse- als auch Mischlingshündinnen oft noch in hohem Alter Gebärmutterentzündungen. Je älter der Hund, desto riskanter wird eine Operation, auch deshalb wird oft zu einer Kastration schon in jungen Jahren geraten.

Rüden sollten eigentlich nur aus triftigen medizinischen Gründen kastriert werden. Sie neigen nach einer Kastration stark dazu, dick, »weibisch« und träge zu werden.

Die Hunde Ihrer Nachbarschaft

Ein guter Züchter: Die Welpen zeigen einen vertrauensvollen Umgang mit dem Menschen und werden früh an ihre Umwelt gewöhnt.

spielen bei der Auswahl des Geschlechtes ebenfalls eine große Rolle. Ein Rüde hat es z.B. nicht leicht, wenn in seiner Nachbarschaft viele unkastrierte Hündinnen leben.

GARTEN JA ODER NEIN ▶ Einige Züchter wollen ihre Welpen nur an Eigenheimbesitzer mit Garten abgeben, und einige Besitzer sind stolz darauf, daß ihr Hund den ganzen Tag im Garten herumlaufen kann. Der Hund selbst würde aber viel lieber mit seinen Menschen spielen oder bei ihnen sein, statt darauf zu warten, wer an seinem Zaun vorbeikommt. Es muß sogar mit aller Deutlichkeit gesagt werden, daß ein Garten Sie keinesfalls von der Pflicht entbindet, mit Ihrem Terrier

spazierenzugehen. Als hoch sozialisiertes Lebewesen benötigt er den Kontakt zu anderen Hunden, und sei es nur durch das Beschnüffeln interessanter Duftmarken. Stadt- oder Wohnungshunde ohne »eigenen« Garten, aber mit reichlich Ausgangsmöglichkeiten, haben oft ein umfangreicheres Betätigungsfeld und sind sehr ausgeglichen. Ihre Besitzer sind gesund, da sie bei jedem Wetter mit ihrem Hund spazierengehen, was abhärtet.

PARTNER HUND ▶ Die Gründe, warum sich viele Menschen wünschen, einen Hund zu besitzen, sind vielfältig. Als Lebenspartner sowohl für ältere Menschen als auch für Kinder, als Wanderbegleiter, als Prestigeobjekt oder nur zum Liebhaben. Bedenken Sie aber, daß Sie Ihre Wünsche mit der Realität in Einklang bringen müssen, sonst sind Sie mit dem Hund überfordert. Der Hund ist ein Lebewesen und wird nicht in allen Dingen Ihren Vorstellungen entsprechen können. Doch durch gegenseitiges Ergänzen gewinnen beide Seiten und es wird Ihr spezieller Hund – Ihr Partner.

▶ Züchter

Nutzen Sie die Möglichkeit, auf einer Hundeausstellung des Verbandes für das Deutsche Hundewesen e.V. (VDH) mit Züchtern zu sprechen. Im VDH werden die Cairn Terrier durch den Klub für Terrier (KfT) betreut, bei dem Sie Züchteradressen oder Ausstellungstermine erhalten. Bei den Beurteilungen können Sie sich Ihren Wunschhund ansehen. Machen Sie sich einen Vermerk im Ausstellungskatalog, welche Hunde welches Züchters Ihnen am meisten zusagen. So haben Sie die

Möglichkeit, jederzeit bei dem entsprechenden Züchter oder Hundebesitzer anzurufen und zu Ihrer Wunschrasse Fragen zu stellen. Besuchen Sie einen oder mehrere Züchter, die dem KfT angeschlossen sind. Diese Züchter unterliegen strengen Zuchtbestimmungen zum Wohle der Zuchthunde und Wel-

▶ Achtmal »Ja« zum Cairn Terrier

Wenn Sie die folgenden acht Fragen mit »Ja« beantworten können, steht der Anschaffung eines Cairn Terriers nichts mehr im Wege.

1. Habe ich genügend Zeit, um mit meinem Hund spazierenzugehen, ihn zu pflegen, zu füttern und mit ihm zu spielen?

2. Sind Anschaffung, Futter, Pflege, Versicherung, Steuer, Tierarzt, Urlaubsbetreuung finanziell abgedeckt?

3. Sind meine Lebensumstände so, daß ich auch in absehbarer Zeit für meinen Hund sorgen kann?

4. Sind Hunde in der Wohnung erlaubt?

5. Bin ich bereit, mich auf meinen Hund einzustellen, Kompromisse zu machen und vielleicht auch einmal auf gewisse Annehmlichkeiten zu verzichten?

6. Weiß ich, was mit meinem Hund während eines Urlaubs geschehen soll?

7. Will ich mir Kenntnisse über die artgerechte Hundehaltung aneignen?

8. Sind alle in der Familie mit einem Hund einverstanden? Habe ich auch an eventuelle Allergien gedacht?

Ob mit einem oder mehreren Cairns – nehmen Sie sich Zeit für tägliche Spaziergänge bei Wind und Wetter. Das macht Spaß und hält gesund.

pen und damit auch der Welpenkäufer. Seriöse Züchter sind immer einem vom VDH anerkannten Verband angeschlossen. Hier dürfen die Hündinnen nur nach bestimmten Fristen und Schonzeiten belegt werden, so daß sie und ihre Welpen keine Mangelerscheinungen haben, die sich auf die Gesundheit der Welpen auswirken können. Zuchtwarte müssen die Würfe betreuen und vor der Abgabe jeden einzelnen Welpen genau überprüfen, tätowieren und alle Angaben protokollieren. Auch die Aufzuchtbedingungen werden bei einem VDH- bzw. KfT-Züchter kontrolliert. Ihr Cairn Terrier erhält eine anerkannte Ahnentafel, aus der Eltern, Großeltern und Urgroßeltern ersichtlich sind. Im VDH und den angeschlossenen Verbänden werden Schulungen für Züchter durchgeführt, damit diese mit den neuesten Erkenntnissen der Hundezucht vertraut sind.

Aus Erfahrung weiß man, daß einem »Schnäppchen«- oder Mitleidskauf eines Rassehundes bei dubiosen

TIP

Billiger Hund wird teurer Hund, wenn die Tierarztkosten dazukommen. Teurer Hund wird billiger Hund, da hohe Folgekosten ausbleiben.

Züchtern oder Hundehändlern sehr oft hohe Tierarztkosten folgen und nicht selten diese Tiere noch als Welpen sterben.

Welpenkauf ist Vertrauenssache, und viele Züchter legen Wert darauf, zu Ihnen und Ihrem Hund lebenslangen Kontakt zu halten, und stehen Ihnen jederzeit mit Rat und Tat zur Seite. Su-

chen Sie sich also einen Züchter Ihres Vertrauens, der aus Überzeugung zur Rasse züchtet und nicht, um Geld zu verdienen. Er wird Sie nicht zum Kauf überreden. Vielmehr stellt er selbst viele Fragen zu Ihrem Umfeld und Ihren Vorstellungen. Schließlich soll er Ihnen einen Welpen anvertrauen, den er mag, den er mit viel Liebe aufgezogen hat und für den er Verantwortung übernimmt. Er sollte so viel Erfahrung haben, daß er Sie beraten kann und eine gute Welpenaufzucht garantiert ist. Außerdem ist es wichtig, daß er nicht viele verschiedene Rassen züchtet, denn dann kann er nach meinen Erfahrungen kaum einer Rasse mit ihrer Eigenart gerecht werden.

BESUCH BEIM ZÜCHTER ▶ Einen guten Züchter können Sie bei einem Besuch erkennen. Alles sollte hell, warm und sauber, aber nicht steril sein. Die Welpen sollten möglichst im Haus gehalten werden, damit schon so früh wie möglich eine menschliche Prägung erfolgen kann. Sie sollten aber schon ab der sechsten Lebenswoche die Möglichkeit haben, im Garten zu spielen und die Umwelt kennenzulernen. Außerdem ist es für seine Entwicklung unerläßlich, daß der Welpe schon früh lernt, sich mit den erwachsenen Tieren des Züchters auseinanderzusetzen und seine Grenzen kennenzulernen. Genauso muß er den Umgang mit Menschen – Erwachsenen wie Kindern – lernen. Die erwachsenen Hunde und Welpen sollten umgänglich sein und ein gutes Vertrauensverhältnis zum Züchter haben. Der Cairn Terrier ist ein Rudeltier, das sich auch sehr gut mit anderen Haustieren verträgt, sobald er sie als Rudelmitglieder kennengelernt hat.

Für Sie ist es besonders wichtig, daß Sie bei Ihren Besuchen die Wesensstärke und Gesundheit der anderen Zuchttiere und Wurfgeschwister feststellen können. Vor allem die Mutterhündin muß einen gesunden und gepflegten Eindruck machen und ein ausgeglichenes Wesen haben. Ihr Welpe sollte in der frühkindlichen Phase bestens ge-

fördert worden sein, indem er die unterschiedlichsten Erfahrungen sammeln konnte. Wenn Ihnen die erwachsenen Cairn Terrier gefallen, wird sich Ihr Welpe später vielleicht genauso entwickeln.

▶ Die Auswahl Ihres Welpen

Wenn Sie sich nicht schon vorher für eine bestimmte Haarfarbe, ein Geschlecht, einen kräftigen oder einen kleineren Cairn Terrier entschieden haben, wird Ihnen die Entscheidung oft schwerfallen. Andere Kriterien, die ins Gewicht fallen können, sind Verschmustheit, Frechheit oder Verspieltheit. Vielleicht lassen Sie sich auch einfach von Ihrem Herzen leiten und verlieben sich auf den ersten Blick in einen bestimmten Welpen. Falls nur

noch ein Welpe aus einem Wurf frei sein sollte, könnte dieser – last but not least – sogar der beste sein.

Sollte ein Welpe einen verstörten, unsicheren Eindruck machen und auch dem Züchter gegenüber kein Zutrauen zeigen, entscheiden Sie sich nicht für ihn. Mitleid ist hier fehl am Platz. Ist dieses Verhalten eine Übergangsphase, wird er sie beim Züchter besser überstehen, liegt es am Hund selbst, wird Ihnen dieses rasseuntypische Verhalten lebenslang Probleme bereiten. Eine ge-

Im Spiel lernen Welpen soziales Verhalten im Rudel und den richtigen Umgang mit Artgenossen.

▶ Gesundheitscheck beim Welpen

Schauen Sie sich den Welpen, für den Sie sich entschieden haben, genau an, und achten Sie dabei besonders auf folgende Kriterien:

- ☐ Ohren, Augen und Nase ohne Ausfluß oder Entzündungen

- ☐ Zähne sind weiß und gleichmäßig

- ☐ glänzendes, nie struppiges oder stumpfes Fell

- ☐ gesunde Haut ohne Rötungen oder Krusten

- ☐ kein Nabel- oder Leistenbruch

- ☐ kein aufgeblähter Bauch

- ☐ käftiger Knochenbau, gerade Gliedmaßen

- ☐ aktives, aufmerksames Verhalten, nicht scheu, verstört oder schreckhaft

- ☐ Der Welpe ist bei der Übernahme mindestens acht Wochen alt, geimpft und entwurmt.

naue Wesensbeurteilung des Welpen wird Ihnen erst nach mehreren Besuchen möglich sein.

FORMALITÄTEN BEIM HUNDEKAUF ▶ Sie bekommen für Ihren Welpen einen Internationalen Impfpaß und einen Kaufvertrag, in dem der Züchter Ihnen zusichert, einen gesunden, geimpften und mit seiner Zuchtbuchnummer tätowierten Cairn Terrier zu verkaufen. Sollten bei der Wurfabnahme Mängel an Ihrem Welpen festgestellt worden sein, sind diese im Wurfabnahmeprotokoll, welches Sie sich in jedem Fall zeigen lassen sollten, vermerkt und müssen auch im Kaufvertrag eingetragen werden. Sie haben also bei einem KfT-Züchter auch Sicherheiten und so etwas wie eine »Qualitäts-Garantie«.

Bei Ihrem acht bis zehn Wochen alten Welpen sind schon alle Merkmale vorhanden, die ein Cairn Terrier haben soll. Sie erwerben damit allerdings noch nicht die Garantie für einen Ausstellungs- oder Zuchthund. Die Ausstellungs- oder Zuchttauglichkeit kann

---

▶ Richtiges Tragen

Lassen Sie sich bei Ihrem Züchter zeigen, wie Sie Ihren Welpen hochheben und tragen sollen. Keinesfalls dürfen Sie Ihren Welpen an den Vorderläufen hochheben. Fassen Sie ihn mit einer Hand unter die Brust und stützen Sie mit der anderen Hand das Hinterteil. Beim Tragen auf dem Arm müssen Sie ihn sicher festhalten. Der quicklebendige Kerl springt Ihnen sonst herunter und könnte sich ernsthaft verletzen.

---

man erst ab einem Alter von neun Monaten feststellen, wenn der Zahnwechsel erfolgt und die körperliche Entwicklung abgeschlossen ist.

▶ Der Welpe zieht ein

Nun ist es soweit. Sie haben sich für einen neuen Hausgenossen entschieden. Nach mehreren Besuchen beim Züchter Ihrer Wahl hat sich zwischen Ihnen und Ihrem Welpen schon ein gewisses Vertrauensverhältnis entwickelt. Er hat Sie und Ihre Stimme schon kennengelernt, und Sie konnten ihm eine Decke, ein Handtuch oder Spieltier mitbringen. Diese Dinge sind ihm jetzt vertraut, tragen den bekannten »Nestgeruch«, und er wird sie im neuen Zuhause wiedererkennen.

GRUNDAUSSTATTUNG ▶ Zu Hause warten schon »seine« eigenen Sachen auf den neuen Mitbewohner (siehe Checkliste S. 25): Halsband und Leine, sein Bett, sein »Eßgeschirr«, seine Pflegeutensilien und sein Spielzeug. Achten Sie auf Qualität! Das heißt vor allem, daß sämtliche Gegenstände den neugierigen Welpenzähnen Widerstand leisten sollten. Vor allem das Spielzeug sollte dieser Forderung Rechnung tragen. Alles, was beim Benagen splittern könnte, kann Ihrem Cairn Terrier gefährlich werden. Er kann sich an scharfen Kanten verletzen oder Teile verschlucken. Interessantes, welpengerechtes Spielzeug hat außerdem den wunderbaren Nebeneffekt, daß Ihr kleiner Hund die Zähne von Schuhen, Teppichen und Möbeln läßt.

Vom ersten Tag an braucht der Welpe sein eigenes Bett, damit weder er noch Sie in Versuchung kommen, die ersten Nächte gemeinsam im Menschenbett zu verbringen. An so angenehme Zustände gewöhnt sich jeder Hund sofort und wird es später nur schwer begreifen, warum es plötzlich nicht mehr so sein soll.

Gewöhnen Sie sich an, ihm sein Futter immer aus seinem eigenen Napf zu geben, und legen Sie einen Platz fest, an dem der Wassernapf stehen soll. Auch Kamm und Bürste sollten von Beginn an regelmäßig zum Einsatz kommen. So lernt Ihr Welpe, daß Fellpflege etwas Angenehmes für ihn ist, und wird sich später nicht dagegen sträuben.

EINGEWÖHNUNG ▶ Holen Sie Ihr neues Familienmitglied am besten zu zweit beim Züchter ab. So kann eine Person den Welpen während der Fahrt sicher auf dem Schoß halten, ihn streicheln und beruhigend mit ihm sprechen. Fahren Sie allein zum Züchter, sollten Sie eine Transportbox haben, in der der Cairn Terrier sicher untergebracht werden kann.

Nach Möglichkeit holen Sie Ihren Welpen schon am Vormittag, damit er nach der Fahrt genügend Zeit hat, seine neue Umgebung zu erkunden und sich einzugewöhnen. Manche tun so, als ob sie schon immer da waren, genießen ihr neues Zuhause und das Spielzeug und flitzen, flitzen, flitzen. Ein Welpe hat so viel Energie, daß man ihm seine Ruhepausen oft auferlegen muß. Er braucht genauso wie kleine Kinder eine ausgewogene Einteilung von Spiel- und Ruhezeiten.

Gehört Ihr kleiner Cairn zur eher schüchternen Sorte, dann lassen Sie ihm Zeit, seine neue und fremde Umgebung allmählich kennenzulernen. Zeigen Sie ihm sein Hundebett, den Futterplatz, das Spielzeug, aber bedrän-

gen Sie ihn nicht. Auch sollten Kinder und Besucher erst einmal etwas Abstand von ihm nehmen; zu viel Trubel und Aufregung verunsichern den Welpen und strengen ihn sehr an.

ERSTE NACHT ▶ Sie bereitet den neuen Besitzern im Vorfeld oft Sorgen. Dabei brauchen Sie den Welpen in seinem Körbchen oder seiner Transportkiste nur neben Ihr Bett zu stellen. Sollte der kleine Kerl Probleme zeigen, reichen leise beruhigende Worte oder etwas Streicheln. Nach den ersten Nächten schläft er schon auf seinem vorgesehenen Dauerschlafplatz. Das Hundekörbchen gehört nicht neben die Heizung oder den Ofen. In einem überheizten Zimmer würde er verzärtelt, und er bekäme Schwierigkeiten, wenn er bei Wind und kaltem Wetter ausgeführt wird. Dazu kommt, daß er bei zuviel Wärme keine ausreichende Unterwolle entwickelt. Der Schlafplatz muß lediglich genug Wärme von unten bieten und darf nicht im Luftzug stehen, normale Zimmertemperatur ist für einen Welpen ausreichend.

Machen Sie Ihren Welpen schon am Tag mit Hilfe einer Leckerei mit seiner Liegeschale vertraut, wird er auch die erste Nacht darin ruhig schlafen.

Nehmen Sie Ihren Cairn Terrier bitte niemals mit ins Bett. Wenn er sich daran gewöhnt hat, wird er z.B. im Krankheitsfall seiner Bezugsperson große Probleme haben. Manche Welpen haben bei ihrem Züchter schon gelernt, in einem Flug- oder Transportkäfig zu schlafen und rühren sich erst, wenn der erste Mensch im Haus aufsteht.

Kinder lieben Hunde – und umgekehrt. Gemeinsam gespielt wird am Boden, damit der kleine Cairn nicht vielleicht vom Arm springt und sich dabei verletzt.

▶ **Vorsichtsmaßnahmen**

Ein Cairn Terrier-Welpe wird stundenlang mit Ihnen spielen oder spazierengehen. Sie denken, er ist total fit, für seine körperliche Entwicklung und seine Gelenke ist das aber schädlich. Manche Gelenkerkrankung ist auf Überanstrengung in der Welpenzeit zurückzuführen. Lassen Sie Ihren Welpen deshalb in seinen ersten Lebensmonaten auch keine Treppen steigen, nehmen Sie ihn auf den Arm.

In den ersten Tagen bei Ihnen soll der Neuling nicht von Freunden, Nachbarn und Verwandten bedrängt werden, Kinder dürfen nicht an ihm herumzerren, sondern müssen sich auf den Fußboden setzen, damit der Welpe ungefährdet mit ihnen spielen kann. Es ist schon manch kleiner Wirbelwind aus dem Arm gerutscht und hat sich verletzt. Die Spielzeiten müssen begrenzt werden, da der Welpe noch unbedingt regelmäßig Ruhepausen benötigt.

Da Ihr Cairn Terrier-Welpe sehr flink herumläuft, besteht auch die Gefahr, daß er unerwartet unter Ihre Füße gerät und getreten oder in einer Tür eingeklemmt wird. Also – Vorsicht ist geboten. Machen Sie Ihre Wohnung welpensicher. Die Checkliste auf S. 26 hilft Ihnen, nichts zu übersehen oder zu vergessen.

▶ **Sauberkeitserziehung**

Gleich nach dem Aufwachen ist die wichtigste Zeit, um mit der Sauberkeitserziehung zu beginnen. Nehmen Sie Ihren Welpen sofort auf den Arm, und gehen Sie mit ihm nach draußen. Wenn Sie sich erst anziehen, hat er sein Geschäft vielleicht schon erledigt, und es wird ihm schwerfallen, zu begreifen, daß er draußen noch einmal sein Geschäft erledigen soll – obwohl er doch gar nicht mehr muß. All dies ist kein Problem, wenn Sie einen eigenen Garten haben. Sollte dies nicht der Fall sein und der Welpe muß sich bis nach dem Anziehen gedulden – wobei die Gefahr des »Auslaufens« jedoch recht groß sein kann –, kann er in seiner Kiste oder auch einmal in der Badewanne auf Sie warten.

Sofort nach jedem Schlafen und Fressen soll der Welpe nach draußen, zwischendurch nach ein bis zwei Stunden, aber auch, wenn er offensichtlich unruhig wird. Bringen Sie ihn möglichst immer an die gleiche Stelle. Es heißt, der Hund soll sich »lösen«, und dazu braucht er Ruhe. Hat er erledigt, was von ihm erwartet wird, wird er gebührend dafür gelobt. Kommen Kinder vorbei, manchmal reicht schon ein vorbeifliegender Vogel, wird er abgelenkt und hat seine Aufgabe vergessen. Kommt er wieder ins Haus, wird er bald zu seiner Toiletten-Zeitung gehen. Kurz vor seinem Ziel nimmt man ihn wieder hoch, und das Ritual beginnt von vorn.

TOILETTEN-ZEITUNG ▶ Dieses »Welpen-Klo« wird oft schon beim Züchter benutzt, denn ein Welpe lernt bereits ab der dritten Lebenswoche, sein Nest nicht zu beschmutzen. Legt man also Zeitungspapier vor die Wurfkiste, so lernt ein Welpe sehr schnell, daß er darauf sein Geschäft verrichten kann. Er soll aber beim Züchter schon lernen, daß er auch draußen dafür gelobt wird, wenn er sich dort löst. Ist die Wurfkiste oder der Welpenraum in der Aufzuchtphase überall mit Zeitungen oder Stroh ausgelegt und hat er den Unterschied zwischen Löseplatz und Spielbereich nicht kennengelernt, so wird er später überall hinmachen. Sie selber legen seine Toiletten-Zeitung an eine Stelle der Wohnung, die Ihr Welpe immer erreichen kann. Dies soll nur ein Notbehelf sein, damit Ihr Welpe weiß: »Hier darf ich – an anderen Stellen in der Wohnung wird geschimpft.« Macht er auf die Zeitung, wird sie ohne Kommentar erneuert. Macht Ihr Cairn Terrier aber draußen sein Geschäft, wird er in höchsten Tönen gelobt, gestreichelt und manchmal mit einem Leckerchen belohnt. So lernt er sehr schnell, sauber zu werden.

Begrenzen Sie im Haus seinen Aufenthaltsradius. Einerseits haben Sie ihn so besser unter Kontrolle, andererseits kann es Ihnen nicht passieren, daß er sich von Ihnen unentdeckt eine bestimmte Teppichecke als Toilette aus-

Erstausstattung für den Welpen

- [ ] weiches, mitwachsendes Halsband

- [ ] leichte Leine aus reißfester Nylonschnur, evtl. auch eine Flexileine

- [ ] Hundebett – eine Kunststoffschale mit waschbarer Einlage ist hygienischer und kausicherer als ein Weidenkorb.

- [ ] stand- und rutschfester Futter- und Wassernapf aus Steingut oder Edelstahl

- [ ] Kamm und Bürste

- [ ] kausicheres Hundespielzeug

- [ ] Ernährungsplan und Futter für die erste Zeit bekommen Sie vom Züchter.

Bald lernt ein kleiner Cairn, daß er sich draußen lösen soll. Doch wird er auch leicht abgelenkt und vergißt dann schnell seine eigentliche »Aufgabe«.

sucht und später nicht mehr versteht, daß er sie nicht mehr benutzen darf. Es hat auch nur dann Sinn, ihn sanft zu tadeln, wenn Sie ihn auf frischer Tat ertappen. Eine Strafe, wenn das Malheur bereits geschehen ist, wird er nicht verstehen.

Ein Gitter stoppt den Freiheitsdrang.

Sicherheit für den Welpen

☐ Balkongitter und Treppen müssen in der ersten Zeit »durchschlupfsicher« gemacht werden.

☐ Chemikalien und Putzmittel in Schränken aufbewahren.

☐ Elektro- und Telefonkabel sichern.

☐ Kinderspielzeug und andere verschluckbare Kleinteile nicht herumliegen lassen.

☐ Zigaretten und -kippen, Schrauben, Nägel, Nadeln, Scherben und ähnliches immer gleich entfernen.

☐ Nicht von Stühlen, Sofas oder sogar Tischen springen lassen.

☐ Giftpflanzen und stachelige Pflanzen im Garten und in der Wohnung entfernen oder sicher abgrenzen.

☐ Nicht mit Schädlingsbekämpfungsmitteln arbeiten (auch eine Ameisengiftdose ist gefährlich).

☐ Ein Teich oder Swimmingpool muß eine oder zwei Ausstiegshilfen haben. Im Winter kann Ihr Cairn Terrier ins Eis einbrechen und unter der Eisdecke ertrinken – Eisflächen also besser absperren.

Geraten Sie nicht in Panik, wenn Ihre Sauberkeitserziehung nicht sofort anschlägt. Je ruhiger Sie es mit Ihrem Welpen immer wieder versuchen, desto besser klappt es, und vierzehn Tage bis vier Wochen Streß sind sehr schnell vergessen. Nehmen Sie sich für die ersten Tage Zeit, beobachten Sie Ihren Welpen, und Sie werden sehr schnell merken, wenn es bei ihm drückt. Er wird unruhig, schnüffelt, sucht einen Platz, manchmal dreht er sich auch auf der Stelle. Bei diesen Anzeichen nehmen Sie ihn ruhig auf den Arm oder an die Leine und gehen mit ihm nach draußen. Gleichbleibende Kommandos wie »Ausgehen«, »Pippimachen«, »Nun drück mal schön« hört man dann bei vielen Welpenbesitzern. Hat er aber schon angefangen, auf seine Zeitung zu machen, unterbrechen Sie ihn nicht, das könnte ihn irritieren. Beim nächsten Mal sind Sie schneller.

Manche Welpen spielen und blubbern aus Langeweile mit ihrem Trinkwasser und trinken dadurch zuviel. Sollte auch Ihr kleiner Cairn diese Angewohnheit haben und deshalb vermehrt Wasser lassen, müssen Sie ihm die Möglichkeit zum Trinken begrenzen. Geben Sie ihm sein Trinkwasser zu bestimmten Zeiten, unter Aufsicht und in angemessener Menge, bis er diese Unart verloren hat – und sorgen Sie dafür, daß er sich nicht langweilen muß.

Einige Welpen entwickeln nach der Eingewöhnungsphase die Eigenart, zu bestimmten Tageszeiten in die Wohnung zu machen, obwohl sie kurz zuvor draußen ganz brav ihr Geschäft verrichtet haben. In solch einem Fall können Sie den Welpen für etwa eine Stunde in eine Transportbox sperren und anschließend sofort wieder mit ihm hinausgehen. Meist ist diese Phase nach ein bis zwei Wochen überstanden.

▶ **Welpenspiele und Kontakte**

Ihr Cairn Terrier ist ein Rudeltier, darum wird er Sie und Ihre Familie sofort als sein neues Rudel akzeptieren. Er braucht aber ebenso Kontakte zu Artgenossen. Dafür bieten sich spezielle Welpenspielstunden an, die in allen größeren Orten von verschiedenen Hundesportvereinen angeboten werden. Sobald ausreichender Impfschutz besteht, darf er daran teilnehmen. Hier lernen Sie und Ihr kleiner Cairn Terrier den Umgang mit großen und kleinen Hunden, und Sie erhalten viele Informationen zur Hundeerziehung. Von Ihrem Züchter bekommen Sie Adressen von Terrier-Ortsgruppen, bei denen Sie

freundlich aufgenommen werden und an deren Veranstaltungen Sie teilnehmen können. Angeboten werden verschiedenste Vorträge über Erste Hilfe, Ernährung oder Pflege, Kurse zur Erziehung und der gegenseitige Austausch von Informationen.

Viele KfT-Ortsgruppen bieten Welpenspielstunden und Hundeausbildung an. Außerdem ergeben sich hier nette Kontakte zu anderen Hundebesitzern.

Es ist sehr wichtig, den Welpen nach einer ersten Eingewöhnungsphase rechtzeitig mit dem »Alltag« vertraut zu machen. Lassen Sie ihn so viele Erfahrungen wie möglich machen: Autofahren, öffentliche Verkehrsmittel, Straßenverkehr, volle Fußgängerzonen, Restaurant etc.

▶ **So wird ein Cairn erwachsen**

ERSTE 14 TAGE ▶ Während seiner ersten beiden Lebenswochen besteht das Leben eines Cairn Terrier-Welpen aus Schlafen und Trinken. Seine Augen und Ohren sind noch verschlossen, der Geruchssinn ist noch nicht entwickelt. Schreien und im Kreis kriechen kann er, dadurch weckt er den Mutterinstinkt bei der Hündin.

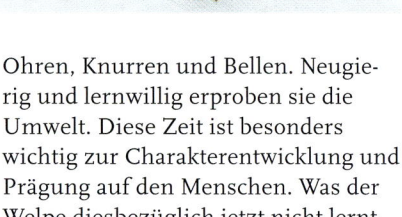

Die ersten beiden Wochen ihres Lebens sind Welpen blind und taub.

Sie benötigen die Wärme ihrer Wurfgeschwister und den gegenseitigen Körperkontakt.

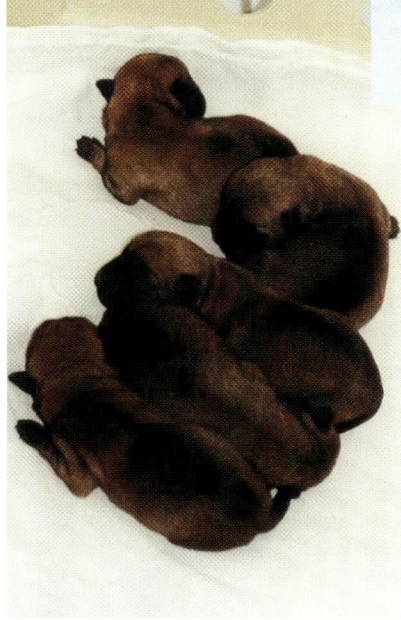

Ohren, Knurren und Bellen. Neugierig und lernwillig erproben sie die Umwelt. Diese Zeit ist besonders wichtig zur Charakterentwicklung und Prägung auf den Menschen. Was der Welpe diesbezüglich jetzt nicht lernt, lernt er nie mehr.

8. BIS 10. WOCHE ▶ Inzwischen hat der Welpe die Hundesprache perfekt gelernt. Er weiß um seinen »Welpenschutz« – die »Narrenfreiheit« gegenüber erwachsenen Hunden –, ist aber auch von den großen Cairn Terriern in seine Schranken, auf seinen Platz im Rudel verwiesen worden. Seine rassetypischen Merkmale hat er inzwischen entwickelt, die Qualität und die Farbe seines Felles sind gut erkennbar, die Proportionen seines Körpers sind sichtbar, und seine Ohren sollten stehen.

Er erkundet systematisch seine Umgebung und erkennt seinen oder seine Menschen. Dies ist auch die Zeit, in der er zu seiner neuen Familie kommt. Nun kann man langsam beginnen, ihn mit Lob oder Tadel zu erziehen. Während dieser Phase lernt er besonders schnell und leicht neue Dinge – nutzen Sie sie intensiv.

3. WOCHE ▶ Nun öffnen sich Augen und Ohren, der Geruchssinn erwacht, erste tapsige Gehversuche werden unternommen. Der Welpe versucht zu bellen und mit dem Schwanz zu wedeln, wenn er auf seine Geschwister zustapft. Die ersten Kontakte zur Umwelt werden bewußt aufgenommen.

4. BIS 7. WOCHE ▶ Allmählich werden die Welpen immer lebhafter. Sie fangen mit gegenseitigem Schnauzebeißen und Ruteschnappen an zu spielen und balgen sich. Sie machen erste »Sprechversuche« in Hundesprache, wie Fellsträuben, Anlegen der

13. BIS 16. WOCHE ▶ Ihr Welpe verlangt nun nach Autorität. Man kann

Idealerweise schließt schon der Welpe mit anderen Hausgenossen Freundschaft und lernt, sie als Rudelmitglieder zu akzeptieren.

▶ Prägung

Prägung ist ein besonders intensiver Lernprozeß während der ersten drei Lebensmonate eines Welpen. Neue Erfahrungen prägen sich besonders schnell und dauerhaft ein. Für die Entwicklung eines Hundes ist die Prägung auf den Menschen als »Rudelmitglied« von entscheidender Bedeutung. Von Geburt an lernt der Welpe, Vertrauen zu den großen Zweibeinern zu entwickeln. Seine Intelligenz wird durch gute Aufzuchtbedingungen gefördert. Streicheln und Liebkosen von den ersten Lebenstagen an fördert ein gutes Verhältnis zwischen Mensch und Hund.

mit den Gehorsams- und Unterordnungsübungen beginnen, damit er lernt, wer Herr im Haus ist. Schlagen und treten darf man keinen Hund; fassen Sie ihn bei Fehlverhalten mit der Hand über die Schnauze, wie seine Mutter es mit ihrer Schnauze machen würde. Er sollte jetzt fast stubenrein sein. Zwischen dem 4. und 5. Monat setzt der Zahnwechsel ein.

AB 7. MONAT ▶ Die körperliche Entwicklung des Hundes ist nun nahezu abgeschlossen. Der Rüde versucht sein Bein zu heben, die Hündin zeigt schon durch vermehrtes Urinabsetzen die ersten Anzeichen einer beginnenden Hitze. Der Welpe ist damit rein körperlich und physiologisch erwachsen.

▶ »Second-Hand-Hund«

In einigen Fällen besteht die Möglichkeit, einen älteren Cairn Terrier zu übernehmen. Scheidungswaisen, Tiere, die nicht zur Zucht zugelassen sind oder aus der Zucht gehen, sind bestens geeignet, gerade auch ältere Menschen zu begleiten, die keinen Welpen mehr aufziehen möchten. Auch ein erwachsener Cairn Terrier stellt sich schnell auf seinen neuen Menschen ein und ist ein dankbarer Wegbegleiter.

Gesunde Ernährung

Gesunde Ernährung

Jeder Hund liebt
Leckereien – geben
Sie nie zuviel
davon!

▶ Grundernährung

Alle Hunde stammen vom Wolf ab,
auch der Cairn Terrier. Und wie der
Wolf würde auch er ein Beutetier mit
Haut und Haaren und allen Innereien
vergnüglich verspeisen. Genauso liebt
er all die Dinge, die seine Familie auf
dem Speisezettel hat, obwohl das seiner
Gesundheit schaden kann.

Jeder dritte Hund wird falsch ernährt
oder ist zu dick. Auch die Cairn Terrier
haben, wie alle anderen Hunde, durch
das enge Zusammenleben mit uns
Menschen über mehr als fünfzehntau-
send Jahre den Instinkt dafür verloren,
was für sie gesund ist.

Wenn es nach unseren Hunden gin-
ge, würden sie nur das fressen, worauf
sie Appetit haben, und einige von ihnen kennen leider auch bei der Menge
keine Grenzen.

Wenn Sie das erstemal in einem
Zoofachgeschäft oder Kaufhaus die
Hundefutterregale anschauen, werden
Sie über das Angebot erstaunt oder so-
gar verwirrt sein. Viele Firmen bieten
Welpen-, Junghund-, Vollwert-, Senio-
ren-, Diätfutter und noch mehr an. Da-
mit man für seinen Hund das richtige
Futter kauft, muß man ein paar Dinge
wissen: Das Futter muß dem Alter, den
Lebensumständen, der Aktivität und
dem Gesundheitszustand angepaßt

sein. Selbstverständlich könnten Sie
das Idealfutter für Ihren Cairn Terrier
auch selbst zubereiten, wenn Sie die
wissenschaftlichen Erkenntnisse der
Ernährungsforschung beachten.

Eine vielfältige, ausgewogene und
abwechslungsreiche Ernährung nach
dem Jahresrhythmus ist für Mensch
und Tier gesund. Cairn Terrier lieben
Obst und Gemüse in aller Form als
Nahrung oder Leckerei. Lediglich stark
blähende Sorten können einigen Tieren
Probleme bereiten. Trotzdem benötigen Hunde eine andere Nahrung als
Menschen. Ihr relativ kurzer Darm ist
nicht darauf eingerichtet, größere Mengen pflanzlicher Kost nutzbringend zu
verwerten.

NÄHRSTOFFE ▶ Die Grundernährung
des Cairn Terriers muß gewährleisten,
daß er täglich mit einer ausreichenden
Menge Nährstoffe in der richtigen Zusammensetzung versorgt wird.

Eiweiß (Protein) gehört zu den
wichtigsten Bausteinen des Körpers.
Die Muskelsubstanz besteht z.B. über-
wiegend aus Eiweißen. Proteine sind
sowohl in Fleisch, Fisch, Ei, Quark –
also tierischen Produkten – wie auch in
pflanzlichen Produkten wie Sojamehl,
Weizen und Mais vorhanden. Die lebenswichtigen essentiellen Amino-

säuren, die der Körper nicht selbst bildet, findet man nur in tierischem Eiweiß.

Kohlenhydrate, v.a. im Form von Stärke und Zucker, liefern dem Körper schnelle Energie. Stärke ist besonders reich in Getreide, Reis und Kartoffeln enthalten. Um sie verdaulich zu machen, müssen diese Nahrungsmittel aber immer gekocht werden.

Fette liefern sowohl Energie als auch die lebenswichtigen essentiellen Fettsäuren, die der Körper nicht selbst bilden kann. Außerdem können die Vitamine A, D und E nur in Verbindung mit Fetten vom Körper aufgenommen werden. Der Hund benötigt daher tierische und pflanzliche Fette.

Ballaststoffe sind schwer oder nicht verdauliche Stoffe, die vor allem in pflanzlichen Produkten enthalten sind. Sie sorgen für eine geregelte Verdauung, sollten aber nicht mehr als etwa 1,5% der Futtertrockensubstanz betragen. Enthält das Futter mehr als 5% unverdauliche Rohfaser, so können auch alle anderen Stoffe schlechter aus dem Darm aufgenommen werden.

Vitamine, Mineralien und **Spurenelemente** sind Stoffe, die der Hund zwar nur in geringen Mengen braucht, die aber lebensnotwendig sind, um den Stoffwechsel aufrechtzuerhalten und einen gesunden Körperaufbau zu gewährleisten.

Für den Knochenaufbau sind z.B. die Mineralien Calcium und Phosphor sehr wichtig. Das Spurenelement Eisen spielt eine wichtige Rolle bei der Blutbildung, Zink beeinflußt Haut, Fell und das Immunsystem. Vitamin A braucht der Hund, wie auch der Mensch, um gut sehen zu können, Vitamin D spielt eine Rolle bei der Skelettbildung. Anders als wir Menschen können Hunde jedoch Vitamin C selbst im Körper bilden.

Alle wichtigen Vitamine, Mineralstoffe und Spurenelemente sind in Fertigfutter ausreichend vorhanden. Beim Selberkochen müssen sie in der richtigen Menge zugesetzt werden. Eine Überdosierung ist dabei für den Cairn Terrier genauso gefährlich und schädlich wie eine Mangelversorgung mit diesen wichtigen Stoffen. Wenn Sie

► **Täglicher Nährstoffbedarf (pro kg Köpergewicht)**

Nährstoff	erwachsener Hund	Junghund
Eiweiß (tierisch und pflanzlich)	4,5 g	9 g
Kohlenhydrate	10 g	16 g
Fett	1,3 g	2,6 g
Wasser	35 ml	35 ml
Energiebedarf	450–550 kJ	550–600 kJ

Dazu kommen die lebensnotwendigen Mineralstoffe, Vitamine und Spurenelemente.

selbst für Ihren Hund kochen wollen, müssen Sie sich also sehr genau über die richtige Futterzusammensetzung und die Dosierung von Zusatzstoffen informieren.

▶ **Wasser**

Ein Hund könnte vierzehn Tage ohne feste Nahrung auskommen, aber keinen Tag ohne Wasser. Es ist für Ihren Cairn Terrier ein absolut lebensnotwendiger Stoff. Wenn er mehr als 15% seines Körpergewichts an Wasser verliert, ohne daß frisches zugeführt wird, kann dies tödlich sein. Ihr Cairn Terrier scheidet ständig über seinen Harn, Kot, die Hautatmung und beim Hecheln Feuchtigkeit aus.

Größe und auch Menge der Leckereien und Kauknochen müssen auf das Gewicht des Hundes abgestimmt sein.

Ihrem Cairn Terrier muß immer Frischwasser in Zimmertemperatur zur Verfügung stehen. Wenn kein gutes Leitungswasser vorhanden ist, können Sie auch stilles, natriumarmes Mineralwasser geben, z.B. im Urlaub. Einige Hunde vertragen kein Wasser aus Pfützen, Gräben oder Teichen. Sie werden nicht verhindern können, daß er daraus trinkt, aber achten Sie immer darauf,

wenn Sie mit Ihrem Cairn Terrier in unbekanntem Gelände unterwegs sind, daß er seinen Durst möglichst vor dem Spazierengehen löschen kann und Sie eine Trinkflasche und einen Napf für unterwegs mitnehmen.

▶ **Ergänzungsfutter**

Ergänzungsfuttermittel können nur zusammen mit anderen Futtermitteln die Ernährung Ihres Cairn Terriers sicherstellen. Sie sind zur alleinigen Fütterung nicht geeignet. Zum einen versteht man unter Ergänzungsfuttermitteln die Flockennahrungen und Vitamin- und Mineralstoffpräparate, die man mit Fleischprodukten vermischt füttert. Zum anderen werden unter dem Begriff »Ergänzungsfuttermittel« Kauartikel, Hundekuchen, Leckereien und Belohnungshappen gehandelt, die oft einen sehr hohen Kalorienwert haben.

SNACKS UND KAUARTIKEL ▶ Das Angebot an Snacks und Kauartikeln aller Art ist schon überwältigend, und es kommt immer noch mehr hinzu. Manches davon ist sinnvoll zur Gebißreinigung oder für den jungen Hund einfach zur Befriedigung seines erhöhten Kaubedürfnisses gut. Hier sollten Sie aber darauf achten, daß Sie Naturmate-

Mengenverhältnisse

Cairn Terrier	Mensch
1 Scheibe Wurst	1 Kotelett
½ Scheibe Brot	2 Scheiben Brot
1 Napf Frischfutter	2 volle Mahlzeiten
1 Hundekuchen	1 Stück Kuchen
2 Eßlöffel Quark	1 Becher Quark

rial ohne künstliche Farb- oder Haltbar-
keitsstoffe erhalten. Rechnen Sie jeden
Hundekuchen, Trockenpansen, Trok-
kenfleisch o. ä. von der Menge der Ta-
gesmahlzeit ab. Die leckeren Häppchen zwischendurch sind Dickmacher
und weder nötig noch ernährungsphy-
siologisch ausgewogen. Sie sind lediglich zur Belohnung, zur Beschäftigung
und manchmal auch zum Zähneputzen da.

▸ Spezialfutter

Besondere Lebensumstände verlangen
ein spezielles Futter. Das beginnt bei
Welpen, die einen erhöhten Eiweiß-,
Vitamin- und Mineralstoffbedarf haben, geht weiter über den Junghund,
den erwachsenen Hund, mit dem Sie
vielleicht Sport treiben, einen kranken
Hund, Hündinnen während der Trächtigkeit, den übergewichtigen Cairn und
etwa ab dem achten Lebensjahr den al-
ternden Hund, der noch lange fit bleiben soll. In allen diesen Situationen
müssen Sie von der normalen Fütterung abweichen und Ihren Cairn Terrier auf ein Spezialfutter umstellen.

DIÄTEN ▸ Eine diätetische Ernährung
ist mit ärztlicher Absprache zur Unterstützung der Heilung von erkrankten
Hunden oder bei dauerhaften Erkran-

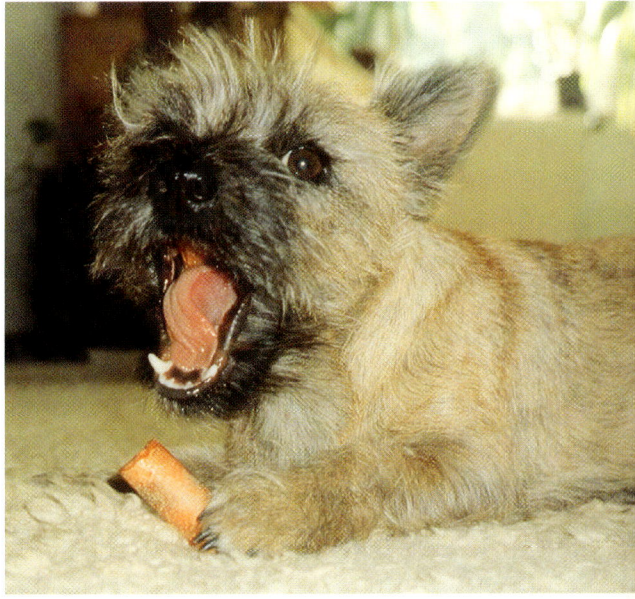

Wie man sieht:
Möhrenknabbern
macht Spaß, ist
gesund und stärkt
das Gebiß.

kungen, aber auch bei übergewichtigen
Hunden erforderlich. Zum Glück gibt
es schon für viele Diätarten Fertignahrung beim Tierarzt oder im Fachhandel. Die preiswertere Variante ist in diesem Fall die Selbstzubereitung nach
Anweisung Ihres Tierarztes.

▸ Welpenernährung

Die richtige Ernährung des Welpen
und Junghundes ist von größter Bedeutung. Der noch im Wachstum befind-

▸ Tägliche Futtermenge

Körpergewicht	4 kg	7 kg
Energiebedarf	1420 kJ	2350 kJ
Feuchtfutter*	ca. 400 g	ca. 650 g
Halbfeuchtfutter*	ca. 120 g	ca. 200 g
Trockenfutter*	ca. 100 g	ca. 170 g

* Beachten Sie die
Herstellerangaben
zum Energiegehalt!

Mit solch einem ganzen Rudel Cairn Terrier haben auch Kinder viel Spaß.

liche Organismus benötigt zur optimalen Entwicklung der Knochen, Sehnen, Muskulatur und inneren Organe eine für diese speziellen Bedürfnisse besonders ausgewogene Ernährung. Schließlich wächst Ihr Welpe im ersten Lebensjahr so viel wie ein Mensch in den ersten vierzehn Jahren. Vor allem in den ersten neun Lebensmonaten sollte Ihr Cairn Terrier daher ein gutes Welpenfutter erhalten, um Defizite in dieser schnellen Wachstumsphase zu verhindern. Ihr Züchter wird Ihnen bei der Abgabe des Welpen genügend Futter für die ersten Tage mitgeben, dazu einen Futterplan mit genauen Anweisungen über die Menge und die Zusammenstellung der Nahrung. Sollten Sie das Welpenfutter bei Ihrem Händler nicht erhalten, so dürfen Sie Ihren Cairn keinesfalls von einem Tag auf den anderen auf eine neue Futtersorte umstellen. Schwere Durchfälle, die den kleinen Kerl sehr schwächen, können die Folge sein. Stellen Sie daher immer nur Schritt für Schritt auf ein neues Welpenfutter um.

Auch ein Welpe sollte schon abwechslungsreich ernährt werden. Als Zweitmahlzeit zu seinem Fertigfutter ist eine Futtermischung (siehe Frischfutternahrung) anzuraten. Brot ist erlaubt und kann entweder als Margarinebrot oder auch getrocknet zum Knab-

bern gegeben werden. Getrockneter Pansen, Hundekuchen, Trockenfisch oder getrockneter Schlund eignen sich ebenfalls gut zum Benagen und pflegen Zähne und Zahnfleisch. Als »zweites Frühstück« bekommt jeder unserer Welpen einen Eßlöffel Quark mit etwas Honig und warmem Wasser angerührt, dazu zwei- bis dreimal in der Woche ein Eigelb. Die neuen Besitzer übernehmen meist dieses Rezept von uns – und mancher Cairn Terrier freut sich noch als alter Hund, wenn er hin und wieder diese gesunde Leckerei aus seiner Jugendzeit bekommt.

Berücksichtigt man, daß ein junger Hund zur Belohnung vieler seiner Taten (vom Pippimachen bis zum Kommen auf Zuruf) ein Leckerchen erhält, reicht es aus, ihn mit drei Hauptmahlzeiten zu versorgen, denn auch die kleinen Häppchen enthalten Kalorien. Seine Hauptmahlzeiten erhält der Welpe zu festen Zeiten, immer an demselben Ort. Den Freßplatz müssen Sie so aussuchen, daß Ihr kleiner Terrier beim Fressen Ruhe hat.

> ◀ **TIP**
>
> *Da jede Futterumstellung zu Problemen führen kann, sollten Sie diese behutsam angehen. Ersetzen Sie anfangs bei jeder Mahlzeit ein Viertel bis ein Drittel des bisherigen Futters durch das neue Futter. Den Anteil des neuen Futters erhöhen Sie dann jeden Tag um etwa 10%.*

> **Rezept**

Falls Sie sich doch einmal ans Selbstkochen wagen möchten, hier ein Rezept, das den Grundbedarf des Hundes abdeckt: $1/3$ gekochtes und in Stücke geschnittenes Rind-, Hammel- oder Geflügelfleisch oder gekochter, entgräteter Fisch wird mit $2/3$ gekochtem Reis, Graupen, Grieß, Nudeln oder Hundeflocken gemischt. Dazu kommen 1–2 Eßlöffel rohes, geraspeltes oder gekochtes Gemüse, etwas kleingeschnittene Kräuter und eine Mineralstoffmischung (z. B. Welpisal, Canestro Mega Mineral oder Karvomin HK) nach Anweisung des Herstellers oder Tierarztes. Ein Teelöffel cholesterinarmes Speiseöl oder Sonnenblumenöl sorgt für glänzendes Fell. Fleisch kann auch gegen Quark oder Hüttenkäse ausgetauscht werden, ein Eigelb pro Woche bekommt Ihrem Cairn Terrier ebenfalls.

> ## Die Ernährung des erwachsenen Cairn Terriers

Im Alter von etwa neun Monaten wird Ihr Cairn Terrier auf ein Erwachsenenfutter umgestellt. Gehen Sie aber auch hier wieder Schritt für Schritt vor. Als Grundernährung sollten Sie auf ein Alleinfuttermittel mit einem nicht zu hohen Proteingehalt zurückgreifen, das die gesunde Ernährung Ihres Cairn Terriers sicherstellt, bevor Sie sich an die eigene Hundeküche wagen. Diese Alleinfuttermittel werden als Vollnahrung bezeichnet. Sie sind als Trocken-, Halbfeucht- und Feuchtfutter (Dosenfutter) erhältlich.

Beachten Sie bitte, daß die von den Herstellern angegebenen Tagesmengen oftmals zu hoch angesetzt sind. Verteilen Sie eine reduzierte Futtermenge beim erwachsenen Cairn Terrier auf zwei bis drei Mahlzeiten pro Tag.

Kaufen Sie nur Futter, bei dem die Zusammensetzung eindeutig aus der Beschreibung hervorgeht. Warum einige Hersteller immer noch mit künstlichen Farb- und Lockstoffen arbeiten, ist mir nicht klar. Wenn ein Hersteller die Inhaltsstoffe seiner Futtermittel nicht vollständig angibt, lassen Sie das Futter besser im Regal stehen. Es bedarf jedoch einiger Übung sowie mathematischer Begabung, um die Futtermittel untereinander vergleichen zu können. Dies liegt vor allem am unterschiedlichen Feuchtigkeitsanteil von Trocken-, Halbfeucht- und Dosennahrung.

TROCKEN- UND FEUCHTFUTTER ▶
Trockenfutter hat einen Feuchtigkeitsanteil unter 10%, Halbfeuchtnahrung 20 bis 25%, gute Dosennahrung kann bis 76% Feuchtigkeitsanteil haben. Trockenfutter ist im Vergleich zu Feuchtfutter ein Nahrungskonzentrat, bei dem Sie also mengenmäßig wesentlich weniger füttern müssen. Die harten Brocken der Trockennahrung sind nicht nur reines Nahrungsmittel, sondern sind auch zur Erhaltung des gut entwickelten Raubtiergebisses Ihres Hundes wichtig. Sie reinigen die Zähne und massieren das Zahnfleisch. Allerdings müssen Sie dafür Sorge tragen, daß Ihr Cairn Terrier immer genug dazu trinkt.

Er wartet brav auf sein Futter. Man kann das Füttern gut mit Erziehungsübungen wie z.B. »Steh« verbinden.

Alle Alleinfuttermittel bestehen aus einer ausgewogenen Mischung von Wasser, Eiweiß (Protein), Fett, Kohlehydraten, Vitaminen, Spurenelementen und Ballaststoffen.

▶ Das dürfen Sie nicht füttern

rohes Fleisch
Rohes Schweinefleisch kann die tödlichen Aujeszky-Viren (Pseudowut) enthalten. Aber auch Rindfleisch kann, wenn es beim Metzger mit infiziertem Schweinefleisch in Berührung kam, diese Krankheit übertragen. Schinken und Salami sind zwar nicht roh, aber genauso tabu.

Knochen
Sie führen zu Verstopfung. Außerdem können beim Nagen scharfe Splitter abspringen und innere Verletzungen verursachen.

rohes Ei
Hier besteht Salmonellengefahr. Rohes Eiweiß verhindert außerdem die Aufnahme des lebenswichtigen Biotins.

Milch
Der enthaltene Milchzucker kann nicht verdaut werden, es kommt zu Durchfall.

Hülsenfrüchte
Sie verursachen schmerzhafte Blähungen und sind in rohem Zustand außerdem giftig.

Katzenfutter
Es ist nicht auf den Bedarf eines Hundes abgestimmt und enthält vor allem zuviel Eiweiß.

Essensreste, Süßigkeiten etc.
Menschennahrung hat im Hundenapf nichts verloren. Sie macht dick und krank. Größere Mengen Schokolade sind wegen des Theobromingehaltes sogar giftig für Hunde.

FRISCHFUTTER ▶ In größeren Lebensmittelmärkten und in vielen Zooläden wird Tiefkühlfleisch zur Hundeernährung angeboten, das aus mittlerer Fleischqualität, gemischt mit Knorpeln,

Sehnen u. ä., besteht, ebenso grüner oder weißer Pansen, evtl. als Mischung mit Fleisch. Hochwertigere Futterqualitäten wie Gulasch für Hunde locken ebenfalls zum Kauf.

Ich finde eine »Mischernährung«, also sowohl Fertignahrung als auch Selbstgekochtes, nicht nur wegen der gesunden, abwechslungsreicheren Ernährung vorteilhaft, sondern auch, weil bei Zeitmangel oder im Urlaub für den Hund keine großen Ernährungsumstellungen anstehen.

Sie haben das richtige Futter für Ihren Cairn Terrier gefunden, wenn er es gut verträgt, Vitalität zeigt, seine Haarqualität gut und er weder zu dick noch zu dünn ist.

Ist der Kot glatt geformt und mittelbraun gefärbt, haben Sie die Garantie für eine gesunde Verdauung Ihres Hundes. Bei Abweichungen vom Normalen sollten Sie immer versuchen, die Ursache zu ergründen, und auf jeden

Fall besonders sorgfältig auf geregelte Ernährung achten. Normalisiert sich der Stuhlgang dann nicht wieder, sollten Sie vorsichtshalber Ihren Tierarzt aufsuchen.

▶ Tischmanieren

Ihr Cairn Terrier braucht Ruhe beim Fressen, ein fester Futterplatz garantiert dies. Falls Ihr Hund seine Mahlzeit nicht ganz auffrißt, nehmen Sie die Reste sofort weg, und reduzieren Sie bei der nächsten Mahlzeit die Menge. Auf Dauer ist es sinnvoll, wenn Sie Ihren ausgewachsenen Cairn Terrier zu festen Zeiten an zwei volle Mahlzeiten täglich gewöhnen.

Ein Spaziergang vor der Mahlzeit macht Appetit. Sie sollten Ihrem Cairn Terrier nach dem Spaziergang jedoch erst eine Verschnaufpause gönnen, bevor Sie ihm seine Mahlzeit vorsetzen. Mit vollem Magen sollte Ihr Hund keine langen Spaziergänge machen, nicht

▶ Kotfressen

Manche Hunde fallen durch die vermehrte Aufnahme von Kot, Aas und anderen übelriechenden, bereits verdorbenen Dingen auf. Besonders häufig ist das Kotfressen bei im Wachstum befindlichen Jungtieren, die so Mineralstoffmängel auszugleichen versuchen. Auch der erwachsene Hund findet in Abfallstoffen noch verwertbare Substanzen. Versuchen Sie, übermäßiger Kot- und Aasfresserei durch Verabreichung von Mineralstoffpräparaten, Hefe, Harzer Käse, grünem Pansen oder Hufhorn zu begegnen. Nicht immer sind Mangelerscheinungen die Ursache der Kotfresserei. Langeweile und Neugier zu Hause und auf Spaziergängen verleiten viele Hunde zu dieser Unart. Durch erzieherische Einflußnahme und Ablenkungsmanöver müssen Sie dieses Verhalten abstellen, da sich Ihr Hund dabei mit Krankheitserregern oder Wurmeiern infizieren kann.

Tischmanieren – auch für Cairn Terrier: Jeder aus seinem eigenen Napf, an einem ruhigen Ort, immer zur gleichen Zeit.

toben und auch nicht sofort danach Auto fahren.

Zu den Hauptmahlzeiten kommt noch eine sogenannte Hundekuchenmahlzeit, falls Sie seine Nahrungsmenge nicht auf drei Portionen eingeteilt haben. Damit kann sich der Organismus an eine regelmäßige Verdauung gewöhnen. Ihr Hund wird nachts ohne Hungergefühl im Bauch ruhig schlafen und morgens kein »Gallebrechen« haben, was bei übersäuertem Magen vorkommen kann. Einige Hunde bestimmen den Zeitpunkt ihrer Hauptmahlzeit allein, indem sie morgens, mittags oder abends den größten Appetit zeigen.

BETTELN ▶ Betteln bei Tisch muß von Anfang an unterbunden werden, dann wird Ihr Cairn Terrier verstehen, daß er sein Futter nur aus seinem Napf bekommt. Erziehen Sie besonders Kinder und Ehepartner hier zur Konsequenz, und bitten Sie auch Ihre Gäste, sich an diese Spielregeln zu halten. So werden Sie auch bei Restaurantbesuchen nie Probleme mit Ihrem Hund haben.

▶ So füttern Sie richtig

Füttern Sie zu festen Zeiten an einem ruhigen Futterplatz.

Die Mahlzeiten mit etwas warmem Wasser oder salzloser Fleischbrühe anwärmen. Dies setzt die Geschmacksstoffe frei und ist bekömmlicher.

Geben Sie nicht nur weiche Nahrung, zur Erhaltung seiner Zähne braucht Ihr Hund auch Hartes.

Ergänzungsfutter darf zur Fertignahrung nur auf Anweisung des Tierarztes gegeben werden.

Milch verträgt Ihr Cairn Terrier nur in gekaster Form, also als Joghurt, Quark oder Hüttenkäse.

Futterreste nicht aufheben, sondern entsorgen.

FÜTTERUNGSHYGIENE ▶ Das tägliche Reinigen von Trink- und Freßnapf Ihres Cairn sollte genauso selbstverständlich sein wie der tägliche Abwasch Ihres Geschirrs. Die Näpfe sollten aus harter Keramik oder Edelstahl sein, da sich Plastik mit der Zeit zersetzt und Schadstoffe abgeben kann. Darüber hinaus können abgenagte Plastikteile verschluckt werden, die im gesamten Verdauungstrakt unter Umständen zu gefährlichen Verletzungen führen können. Bei den Futternäpfen auf Ständern streckt sich der Hund beim Fressen oder Trinken. Dies empfindet er als angenehm, und es kann zusätzlich seine Front kräftigen und verbessern.

Vor allem im Sommer ist es erforderlich, das Trinkwasser täglich zu erneuern, damit Krankheitserreger keine Chance haben. Futterreste müssen aus diesem Grunde besonders sorgfältig entsorgt werden. Gehen Sie mit dem Hundefutter genauso sorgfältig um wie mit Ihren Lebensmitteln. Kaufen Sie keine Mengen, die Sie nicht innerhalb der nächsten zwei Monate verfüttern können oder deren Mindesthaltbarkeitsdaten abgelaufen sind. Lagern Sie keine Futterpackungen zusammen mit Ihren Haushaltsreinigern oder auf dem Fußboden. Verdorbenes oder eigenartig riechendes Futter kann zu einer Lebensmittelvergiftung führen. Fleisch muß immer abgekocht werden, um verschiedene Krankheitserreger oder Keime zu vernichten.

▶ Folgen falscher Ernährung

Leider werden bei Tierärzten auch Cairn Terrier vorgestellt, die an Ernährungsstörungen leiden. Seltener sind es Hautkrankheiten, die durch Mangelernährung bedingt sind, meist sind die

Das macht schlank

Stellen Sie auf ein »Light«- oder Seniorenfutter um.

Verringern Sie die Futterration um ein Drittel oder etwas mehr.

Verwenden Sie einen ganz kleinen Futternapf. In einem großen Napf verlockt eine kleine Portion zum »Auffüllen«.

Geben Sie Ihrem Hund ausgekochtes Rindfleisch und Gemüse anstelle von Vollnahrung.

Füttern Sie eine Futtersorte, die Ihr Hund nicht besonders gerne mag.

Zweigen Sie Belohnungshäppchen vom Hauptfutter ab, und geben Sie ihm einen Seilknoten statt Hundekuchen zum Nagen.

Sorgen Sie für viel Bewegung.

Bitten Sie Familienangehörige, Nachbarn und Besucher, dem Cairn Terrier nichts zuzustecken. (»Er leidet an einer ›Stoffwechselstörung‹ und benötigt Spezialfutter«, ist ein hilfreicher Trick.)

Lassen Sie sich nie von seinen schmachtenden Blicken herumkriegen.

Hunde einfach zu dick. Dadurch kann es zu Herz- und Kreislaufproblemen oder Stoffwechselstörungen kommen. Zu den Betroffenen zählen nicht nur ältere Hunde, sondern leider auch schon Welpen und Junghunde. Wie schon einmal erwähnt, war der Cairn Terrier in seiner Heimat ein Arme-Leute-Hund. Genetisch und physiologisch ist sein Körper auf Schmalkost eingestellt.

GEWICHTSKONTROLLE ▶ Eine gute Hilfe ist es, wenn Sie Ihren Cairn Terrier, wie es hoffentlich Ihr Züchter auch schon getan hat, wöchentlich wiegen und das Gewicht in eine Wiegetabelle eintragen. Das mittlere Gewicht für einen ausgewachsenen Cairn Terrier sollte um die 8 kg liegen. Dies ist jedoch nur ein Richtwert. Ein großrahmiger Rüde kann mit 8 kg zu mager, eine feminine, kleine Hündin schon zu fett sein.

Sicher wird sich Ihr lebhafter Terrier nicht still auf die Waage stellen. Es gibt aber einen einfachen Trick: Wiegen Sie sich einmal mit und einmal ohne Hund auf dem Arm. Bilden Sie von beiden Werten die Differenz, und Sie haben das Gewicht Ihres Cairn.

Eine gute Prüfung des Futterzustandes ist folgende: Wenn Sie die Hand auf den Brustkorb Ihres Cairns legen, sollen Sie dabei die Rippen deutlich fühlen, müssen Sie erst nach den Rippen suchen, ist Ihr Hund zu dick. Treten die Rippen deutlich sichtbar hervor, ist Ihr Hund zu dünn. Die Flanken dürfen aber auch nicht, wie z.B. bei einem Teckel, eingefallen sein.

Richtige Pflege

Richtige Pflege

Ein rassetypischer erwachsener Cairn Terrier in bester Haarkondition.

▶ **Fellpflege**

Über die Notwendigkeit der Fellpflege und besonders des Trimmens beim Cairn Terrier bestehen die unterschiedlichsten Auffassungen. Die einen betrachten es als Körperpflege, die anderen halten es schlichtweg für überflüssig und lassen ihren Cairn ein Leben lang »ursprünglich« herumlaufen. Oft kennen diese Hunde weder Kamm noch Bürste, denn ihre Besitzer sind der Ansicht, daß der Cairn Terrier ein pflegeleichter Hund sei. Dies ist er in der Tat! Ganz ohne Pflege darf er aber nicht sein, und ungepflegt ist er kein würdiger Vertreter seiner Rasse.

Körperpflege und Trimmen gehen oft ineinander über. Bei einem in der Wohnung gehaltenen Cairn Terrier ist es außerdem eine Frage der Hygiene,

ihm eine angemessene Pflege zukommen zu lassen. So wie Sie zum Friseur gehen, wird Ihr Cairn Terrier beim Züchter oder in einem Trimmsalon zurechtgemacht. Auf Ausstellungen gar ist ein gekonntes Trimming unumgänglich, und nur ein äußerst gut gepflegter Hund wird einen guten Eindruck beim Richter und beim Publikum hinterlassen.

Das dichte Haarkleid des Cairn Terrier wirkt mit seiner weichen Unterwolle und dem harschen Deckhaar wie ein Doppelfenster. Zwischen den verschiedenen Haararten und der Haut kann sich ein isolierendes Luftpolster bilden. Lange, herausgewachsene, zottelige Haare werden jedoch vom Wind hochgeweht und können niemals ein wärmendes, schützendes Deckhaar bilden. Darum ist regelmäßiges Trimmen zur Erhaltung des wetterfesten, wärmenden Haarkleides erforderlich, auch wenn Sie Ihren Hund mit seinem zottigen Fell und den überstehenden Haaren an den Ohren anfangs viel schöner finden. Sie werden sich sicher rasch an das Bild eines frisch getrimmten Cairns gewöhnen.

Schauen Sie sich das Haar eines Cairn Terriers einmal genau an: An der

TIP

Während der Körperpflege können Sie auch feststellen, ob Ihr Hund Hautprobleme hat oder von Ungeziefer befallen ist. Die tägliche Pflege bietet Zeit für zusätzliche Schmuseeinheiten, sanfte Berührungen schaffen eine vertrauensvolle Bindung.

Spitze ist es dicker, fester und oft auch intensiver gefärbt. An der Basis, dort wo das Haar nachwächst, wird es immer dünner und farbloser. Schneidet man die festeren Spitzen ab, wird das verbleibende Haarkleid weich und farblos, verfilzt leicht und stirbt ab. Neues Haar kann so lange nicht nachwachsen, wie die abgestorbenen Haare seinen Weg versperren. Dadurch verliert der Cairn Terrier nicht nur seinen wetterfesten Pelzmantel, häufig treten auch Hautprobleme auf.

Früher haben die rauhhaarigen Hunde beim Toben und Jagen ihre losen Haare an Ästen und Zweigen verloren oder sich diese an Bäumen und Steinen abgerubbelt – das ist Trimmen auf Cairn Terrier-Art. Heute rubbelt er sich z. B. an Möbeln, oder Sie legen Hand an, um diesen natürlichen Vorgang, der den Fellwechsel erleichtert, zu unterstützen. Haarprobleme in der Wohnung gibt es bei einem gepflegten Cairn Terrier nicht.

▶ Kämmen

Einmal in der Woche kämmen Sie Ihren Cairn Terrier mit einem Stahlkamm in Wuchsrichtung der Haare (mit dem Strich) von Nasen- bis Schwanzspitze bis auf die Haut durch. Die Haare am Kopf werden zum Abschluß gegen den Strich gekämmt. Vergessen Sie beim Kämmen die Achseln, Schenkel und den Bauch nicht. Heben Sie Ihren Cairn Terrier an den Vorderbeinen hoch, und bürsten Sie ihn mit und gegen die Wuchsrichtung des Fells. Ihr Hund verliert beim Kämmen schon eine Menge der losen und reifen Haare, die sonst auf dem Sofa landen und viel Arbeit mit dem Staubsauger bedeuten.

> ### TIP
> *Benutzen Sie zum Kämmen und Trimmen einen feststehenden Tisch mit einer rutschfesten Gummiunterlage (z. B. Automatte). Halten Sie Ihren Cairn Terrier am Halsband fest, oder binden Sie seine Leine an einem Wandhaken an, so kann er nicht vom Tisch springen und sich dabei evtl. verletzen.*

Einmal wöchentlich kämmen reicht bei einem Cairn Terrier völlig aus. Im Gegenteil: Zu häufiges Kämmen kann die Fellbeschaffenheit verändern. Der Hund verliert dann vielleicht zuviel der wärmenden Unterwolle. Oder Sie »zaubern« ihm ein seidenweiches Fell, das kaum mehr zu trimmen ist, weil sich dieses Deckhaar nur schwer löst.

Da die Haare unter dem Halsband leicht abbrechen, sollten Sie Ihrem Cairn Terrier nur zum Spazierengehen ein Halsband umlegen.

BÜRSTEN ▶ Vor dem Kämmen können Sie Ihren Cairn mit einer kräftigen Bürste mit Naturborsten bearbeiten. Sie werden sehen, wie er diese Massage genießt. Durch diese Pflegemaßnahme wird die Hautdurchblutung angeregt, neues Haar kann nachwachsen, und man wird selbst bemerken, wann das nächste »professionelle« Trimming fällig ist. Lassen Sie sich von Ihrem Hund durch Fiepen, Gezappel, Geknurre oder sogar Zähnezeigen nicht beeindrucken. Setzen Sie sich freundlich und konsequent durch. Ihr Cairn Terrier lernt so, das Kämmen und Trimmen zu akzeptieren, und wird bald mit seinem Theaterspiel aufhören.

▶ **Trimmen**

Zwei- bis dreimal im Jahr, je nach
Wachstum der Haare, muß der Cairn
Terrier getrimmt werden. Das Haar
sollte reif sein, sich also leicht auszupfen lassen. Die unterschiedlichen Haar-
strukturen von zu weichem, harschem
bis zu überhartem Haar machen ein
unterschiedliches Trimmen erforderlich. Weiches Haar ist pflegeaufwendi-
ger und schwerer zu trimmen als hartes Haar. Bei weichem Haar müssen

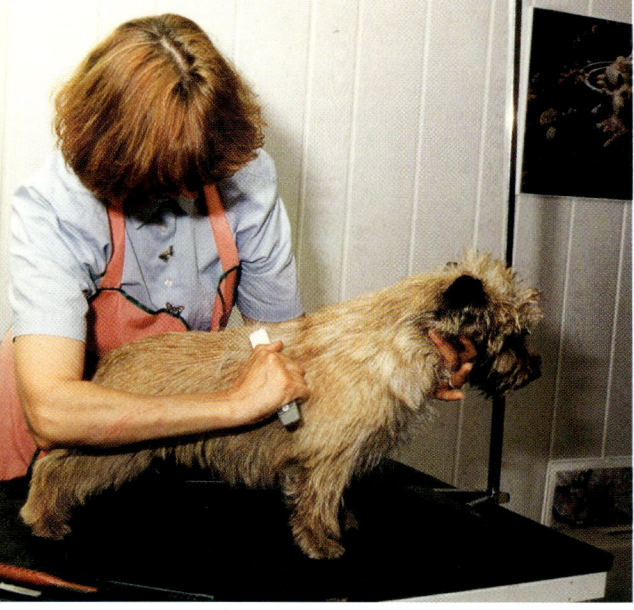

Mit speziellen
stumpfen Zupfkäm-
men lassen sich lose
Haare und während
des Fellwechsels
auch überflüssige
Unterwolle leicht
herauszupfen.

Sie die überflüssige Unterwolle mit einem Unterwoll-Trimmesser ab und zu
herauskämmen.

Ideal zum Trimmen ist hartes Deckhaar von unterschiedlicher Länge, bei
dem man auch als ungeübter Trimmer
regelmäßig, z.B. beim wöchentlichen
Kämmen, die langen, überstehenden
Spitzen zupfen kann und so die etwas
kürzere, harsche Haarschicht den

Hund nach dem Trimmen nicht nackt
aussehen läßt. Man nennt dies »rolling
coat«. In den durch das Trimmen lee-
ren Hautkanälen kann neues Deckhaar
nachwachsen.

TECHNIK ▶ Gezupft wird mit Daumen
und Zeigefinger. Man kann Gummifingerlinge aus dem Bürobedarfsgeschäft
überstreifen, damit das Haar besser zu
fassen ist. Haben Sie nicht genug Kraft
in den Fingern, kann ein stumpfes
Trimmesser zur Unterstützung benutzt
werden. Hier muß allerdings sehr darauf geachtet werden, daß man die Haare nicht einfach nur abbricht, sondern
tasächlich herauszieht.

HUNDESALON ▶ Wenn Sie Ihren
Cairn Terrier nicht selbst trimmen wollen, Ihr Züchter Ihren Hund nicht
trimmen kann und er Ihnen keine
Adresse eines guten Trimmers in Ihrer
Wohngegend mitgeben konnte, müssen Sie sich bei den Hundesalons genau erkundigen, ob dort fachgerechtes
Handtrimming durchgeführt wird.
Schon manchem Cairn Terrier wurde
durch falsches Trimmen das Haarkleid
verdorben. Oder er sieht plötzlich wie
ein farbiger Westie oder ein Scottish
Terrier aus. Medizinische Waschungen
oder Bäder lehnen Sie generell ab. Es
ist nicht notwendig und erschwert
Ihrem Hund das Getrimmtwerden.

▶ **Welpen-Trimming**

Sprießen beim 12–16 Wochen alten
Welpen die harten Haare und löst sich
das überstehende, oft dunklere Welpenhaar, wird es Zeit für das erste Trimmen. Man zupft das Welpenhaar von
Kopf bis Fuß heraus, auch wenn der
kleine Kerl seine schöne Puschel-

schnauze für kurze Zeit verliert. Bitte erst mit dem Zupfen beginnen, wenn sich die Haare wirklich leicht herauslösen lassen. Der kleine Cairn ängstigt sich sonst, da ihm die noch ungewohnte Prozedur Schmerzen bereitet, solange sein Pelz nicht wirklich trimmreif ist. Sie können eine Hautfalte zwischen Daumen und Zeigefinger der einen Hand nehmen und mit der anderen Hand die überständigen Haare durch Herausziehen entfernen.

auch auf Seiten des Züchters, denn er kann sehen, wie sich seine Nachzucht entwickelt. Außerdem werden Sie sicher eine Menge Fragen haben, die sich bei einem persönlichen Gespräch leichter klären lassen. Sie können die ersten Grundbegriffe des Trimmens erlernen und den einen oder anderen Kniff abgucken, um später Ihren Cairn Terrier selbst zurechtzumachen. Natürlich kann man das Trimmen nicht sofort beim ersten

Bei dieser Methode sollte aber eine zweite Person dabeisein, die den kleinen Wicht festhält und mit ihm redet. Regt er sich sehr auf, warten Sie kurz und kämmen oder bürsten Sie ihn leicht. Dadurch wird er abgelenkt und gerät nicht in Panik, was ihm späteres Trimmen verleiden würde. Ein Welpe wird sich schnell an das Trimmen gewöhnen, wenn Sie fröhlich mit ihm reden, seinen Namen nennen und ihn zwischendurch loben.

Bei Ihrem KfT-Züchter ist dieses erste Trimmen im Leben Ihres Hundes kostenlos. Nehmen Sie es wahr, denn Sie werden sehen, wie sich Ihr kleiner Freund freut, seine »alte« Familie wiederzusehen. Umgekehrt ist die Freude

▶ Pflege- und Trimmzubehör

Für die Pflege benötigen Sie

- ☐ Naturhaarbürste
- ☐ Terrierzupfbürste
- ☐ Kamm, mittelgrob
- ☐ Schere mit abgerundeten Spitzen
- ☐ Krallenschere oder Nagelfeile
- ☐ Zahnbürste und Hundezahnpasta
- ☐ Zeckenzange
- ☐ Pinzette
- ☐ Watte

Für das Trimmen benötigen Sie

- ☐ alle Pflegeutensilien (s.o.)
- ☐ Gummifingerlinge
- ☐ stumpfes Trimmesser

Mal perfekt erlernen. Gekonntes Trimmen, z.B. um einen Cairn Terrier für eine Ausstellung vorzubereiten, erfordert lange Übung.

▶ Trimmen von Kopf bis Fuß

KOPF ▶ Der rassetypische Cairn-Ausdruck wird durch das Trimmen noch hervorgehoben. Kämmen Sie die Haare von Bart, Stirn und Backen nach außen. Nun zupfen Sie rundherum die überstehenden, hochgekämmten Haare heraus. Dabei versuchen Sie, dem Kopf eine runde Form zu geben. Der Kragen an den Seiten wächst sehr dicht und schnell, und an diesen Stellen muß oft mehr getrimmt oder zwischendurch auch nachgetrimmt werden.

Vergessen Sie nicht die Haare auf der Nase, die in Richtung Auge wachsen. Gerade in der Zeit des ersten Fellwechsels haben manche Welpen durch den Reiz dieser Haare auf die Augen Entzündungen, die manchen Tierarzt verleiten, an ein Entropium zu denken. Auch beim erwachsenen Cairn sollte immer der Augenwinkel freigezupft werden. Erstens ist dann der Ausdruck frecher, zweitens kann sich nicht so schnell eine Schlaf-Tränen-Kruste bilden, die ebenfalls zu Augenentzündungen führen kann.

Die Haare im äußeren Ohrgang müssen regelmäßig herausgezupft werden. Hat man mit den Fingern Schwierigkeiten, hilft eine stumpfe Pinzette. Die Haare auf den Ohren werden so gezupft, daß das obere Drittel frei ist, also eine Spitze zeigt, und samtiger Flaum das Ohr bedeckt.

Die Haare am Fang und Unterkiefer müssen ebenfalls gezupft werden. Im Gegensatz zu anderen, langhaarigen Terriern ist beim Cairn Terrier ein Bart weder gefordert noch erwünscht.

KÖRPER ▶ Mit dem Hochkämmen und dem Herauszupfen der überragenden Spitzen lassen sich die Haare gut entfernen. Auf diese Weise läßt sich der Cairn vom Kopf bis zur Schwanzspitze trimmen.

Fangen Sie hinter dem Kopf an, und versuchen Sie einen gleichmäßigen Übergang von Hals und Nacken zu den Schultern und zum Rücken herauszuarbeiten. Die Haare an der vorderen Halspartie müssen gekürzt werden, ebenfalls an der Vorbrust. Beulen oder Ausbuchtungen im Haarkleid zupfen Sie weg, ebenso Haare, die beim Gehen des Hundes hochschwingen. Achten Sie dabei auf einen glatten Übergang von den Schultern zu den Vorderläufen.

Am Bauch müssen die überlangen, struppigen Haare entfernt werden. Beim Rüden sollen die Haare in der Mitte des Bauches und an den Geschlechtsteilen kurz gehalten werden, damit der Urin nicht hängenbleibt. Im Afterbereich bis zu den Sitzhöckern haben die Cairn Terrier oft eine »Hose« an. Hier müssen die Haare ebenfalls sorgfältig gezupft werden. Direkt unter der Rute sollen sie am kürzesten sein.

Am ganzen Körper sollen die Haare nach dem Trimmen eine gleichmäßige Länge haben, die sich aber wegen des Trimmzeitpunktes und der unterschiedlichen Beschaffenheit der Haarqualitäten nicht auf eine bestimmte Haarlänge festlegen läßt. Löcher ins Haarkleid seines Terriers hat schon so mancher gezupft, wenn das Haar sich sehr leicht löste oder das Licht Schatten warf. Aber die Haare wachsen wieder, und Übung macht den Meister.

BEINE ▶ Die meisten Hunde mögen es nicht, an den Beinen gezupft zu werden, doch muß man auch hier die überstehenden Haare entfernen. Geübte Trimmer arbeiten die Winkelungen ihres Cairn Terriers geschickt heraus. Achten Sie an den Vorderläufen darauf, daß die Haare an den äußeren Ellenbogen nicht abstehen und die Vorderläufe nach dem Zupfen möglichst gerade aussehen. Der Übergang zu den Pfoten soll fließend sein.

PFOTEN ▶ Das nach dem Trimmen noch überstehende Haar an den Pfoten wird rundherum abgeschnitten. Die Krallen bleiben, von vorne gesehen, mit Haaren bedeckt. Zwischen den Ballen muß kontrolliert werden, ob sich Haare zusammengedreht haben und Sand, winzige Kletten, Grannen usw. in diesen Filzklümpchen hängengeblieben sind und scheuern. Diese Klümpchen entfernt man am besten mit einer Nagelschere für Kinder, die abgerundete Spitzen hat. Bei plötzlichen Bewegungen des Hundes besteht so eine geringere Verletzungsgefahr, im Gegensatz zur herkömmlichen Nagelschere.

Werfen Sie auch gleich einen Blick auf die Krallen, ob diese geschnitten werden müssen (siehe Seite 52).

RUTE ▶ Die Rute ist wie der Kopf ein charakteristisches Merkmal des Cairn Terriers. Sie soll reich behaart, aber nicht fedrig, und am Ansatz dick sein und sich zur Spitze hin wie eine Karotte verjüngen. Da die Rute keineswegs »gestylt« aussehen soll, achten Sie nur darauf, daß die überstehenden Haare rundherum gezupft werden. Die aufrecht getragene Rutenspitze soll die gleiche Höhe haben wie die Ohren-

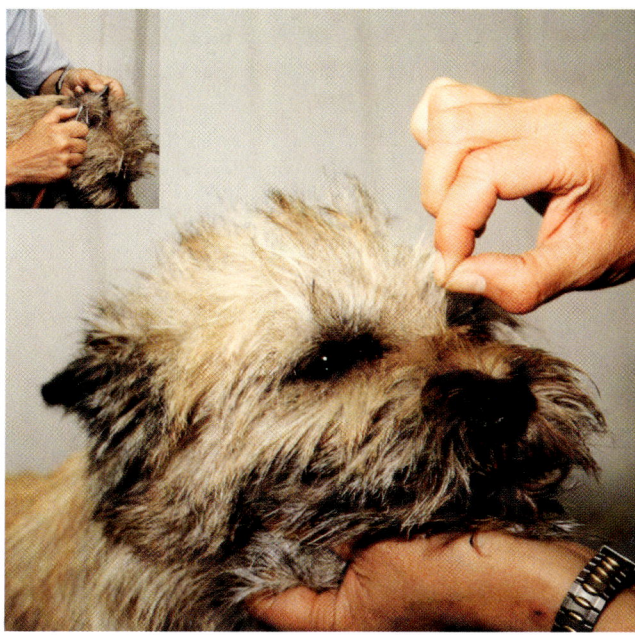

Die störenden Haare vor den Augen werden mit den Fingern herausgezupft, ohne daß es Ihrem Cairn weh tut.

spitzen. Halten Sie die Haare an der Rutenspitze deshalb so kurz wie möglich.

An der Rute, aber auch am Kragen, an den Ohren, am Po und auf der Kruppe wachsen die Haare besonders schnell. Hier trimmen Sie bei Bedarf zwischendurch einmal nach.

▶ Baden

Baden bzw. duschen – oft genügt auch schon eine »Teilwäsche« – sollten Sie Ihren Cairn Terrier nur, wenn er stinkt

> **TIP**
> *Eine Schere wird nur zum Beschneiden der langen Haare an den Pfoten und den Geschlechtsteilen benötigt, damit dort Urin und evtl. Sekret nicht haften und der Hund sich selbst besser sauberlecken kann.*

Wie man sieht: Cairns lieben Wasser. Trotzdem sollten sie nicht zu häufig gebadet und nicht gefönt werden. Meist läßt sich Schmutz ganz einfach lauwarm ausspülen.

oder dreckverschmiert ist. Leider wälzen sich Hunde oftmals mit sichtbarem Hochgenuß in Dingen, die stinken und wir Menschen eklig finden. Wenn Ihr kleines Monster also nach einem Haufen Pferdeäpfel duftet und eine Portion davon noch mit sich herumträgt, ist ein Vollbad fällig.

Benutzen Sie hierzu unbedingt ein spezielles Hundeshampoo. Diese Pflegemittel sind rückfettend und schädigen Haut und Haar Ihres Terriers nicht. Zwar bleibt der natürliche Säure- und Fettmantel, der Ihren Hund vor Durchnässung und übermäßiger Verschmutzung schützt, bei Verwendung dieser Shampoos weitestgehend erhalten. Doch vergessen Sie nicht, daß zu häufiger Gebrauch trotzdem schädlich für die Gesundheit des Hundes ist.

Spülen Sie die Reste des Shampoos immer sorgfältig aus, und verwenden Sie hierzu lauwarmes Wasser. Achten

Sie darauf, daß kein Badewasser in Augen und Ohren des Hundes dringt. Nach dem Bad sollten Sie Ihren Cairn mit einem Handtuch trockenrubbeln. Sorgen Sie dafür, daß es Ihr Cairn Terrier warm hat, bis er trocken ist. Keinesfalls darf er Zugluft ausgesetzt sein. Geöffnete Fenster können ihm hier gefährlich werden. Manchmal reicht schon die Luft aus, die durch den Spalt unter einer geschlossenen Tür zieht, um zu einer Erkältung zu führen.

»Normaler« Dreck fällt, wenn er trocken ist, von allein aus dem Fell Ihres Cairns oder läßt sich ausbürsten. Nach Regenspaziergängen reicht es aus, den kleinen Schmutzfink mit klarem, lauwarmem Wasser Sand und Erde von Beinen und Bauch abzuspülen, um die Wohnung nicht zu verschmutzen.

Läßt sich der üble Geruch nach einer Wälzorgie nicht aus dem Haar waschen, können Sie Ihren Cairn Terrier mit Coca Cola einreiben. Dieser hervorragende Geruchsentferner muß anschließend aber äußerst sorgfältig ausgespült werden.

▶ Regelmäßige Pflege

Nicht nur das Fell Ihres Cairns sollte regelmäßig gepflegt werden, der ganze Hund braucht von Kopf bis Fuß Ihre Aufmerksamkeit.

Die Augenwinkel sollten täglich mit einem feuchten Tuch gereinigt werden. Achten Sie dabei auf vermehrten Tränenfluß, eiterartige Absonderungen, Reizungen und Entzündungen. Schauen Sie Ihrem Cairn in die Ohren, ob diese vielleicht gereinigt werden müssen. In aller Regel ist dies bei Hunden mit Stehohren äußerst selten der Fall. Bei zu viel Ohrschmalz entfernen Sie dieses mit einem in Babyöl getränkten Wattebausch, keinesfalls mit Ohrenstäbchen, da dieses eine hohe Verletzungsgefahr birgt. Haare werden mit den Fingern oder einer stumpfen Pinzette aus den Ohrmuscheln herausgezupft.

Ohren und Pfoten kontrollieren Sie auf Fremdkörper oder Entzündungen. Grannen (Grasspelzen) können sich durch die Haut bohren und wegen ihrer Widerhaken steckenbleiben. Wenn man so etwas nicht bemerkt, kann es zu lang anhaltenden entzündlichen Prozessen oder Furunkeln kommen. Schauen Sie sich auch die Unterseite der Pfoten an. Bei rauhen oder rissigen Ballen müssen diese mit Melkfett oder einer Pfotencreme eingerieben werden.

Es gehört auf jeden Fall zur täglichen Pflege, die Afterregion auf Verklebungen zu untersuchen, ggf. zu säubern und bei Bedarf auch einzucremen. Niemand hat schließlich gern ein kleines Stinktier in seiner Wohnung. Bei Rötung und Schwellung am Po oder Rutschen auf dem Hinterteil (Schlittenfahren) besteht der Verdacht auf eine Analdrüsenentzündung, die vom Tierarzt behandelt werden muß.

▶ Zähne

Es ist ganz wichtig, regelmäßig auf Zahnstein zu achten. Die wöchentliche Fellpflege bietet sich hierzu an: Schauen

---

▶ Pflegeplan

täglich
- füttern
- Wasser geben
- Näpfe reinigen
- Augenwinkel mit einem Läppchen auswischen
- Ohren und Pfoten kontrollieren
- Ohren ggf. säubern
- Anal- und Genitalbereich auf Verschmutzungen überprüfen und evtl. reinigen
- Zeckenkontrolle

wöchentlich
- Fell kämmen, dabei auf Hautveränderungen und Parasitenbefall achten
- schnell nachwachsende Fellbereiche wenn nötig übertrimmen
- Krallenlänge kontrollieren und ggf. Krallen kürzen
- Gebiß untersuchen und Zähneputzen

viertel- bis halbjährlich
- Fell trimmen oder trimmen lassen

Sie Ihrem Cairn jedesmal nach dem Kämmen ins Maul. Manche Hunde neigen vermehrt zu Zahnsteinbildung, die durch Speichelzusammensetzung beeinflußt wird oder bei Kaufaulheit entstehen kann. Fangen Sie beim Welpen schon mit der Zahnpflege an, indem Sie einen Finger mit einem Stück Mullbinde bedecken und damit an den Zahnrändern entlangwischen. Später benutzen Sie dann ein härteres Tuch oder eine Zahnbürste mit Schlämmkreide (reines Calcium aus der Apotheke). Es gibt aber auch Zahncreme oder Tinkturen vom Tierarzt oder im Fachhandel, mit denen geputzt werden kann.

Bieten Sie Ihrem Hund des öfteren Ochsenziemer oder im Handel erhältliche Knabberprodukte zur Zahnreinigung an. Beim Benagen dieser Produkte werden Kaumuskulatur und Gebiß gestärkt, die Speichelproduktion angeregt und Zahnstein in einem gewissen Rahmen bekämpft. Beim Tierarzt erhalten Sie auch spezielle Hundekuchen, die sogar stärkere Beläge beim regelmäßigen Verzehr fast verschwinden lassen. Starker Belag muß aber vom Tierarzt unter Vollnarkose entfernt werden, um Zahnfleischentzündungen oder gar Zahnverlust zu vermeiden.

▶ Krallen

Die Krallen müssen regelmäßig gekürzt werden. Um festzustellen, ob die Krallen zu lang sind, stellen Sie Ihren Hund auf eine ebene Fläche. Er soll auf den Ballen stehen, wobei die Krallen den Boden nicht berühren oder gar die Pfoten nach oben drücken dürfen. Zu lange Krallen können so sogar zu Verformungen der Gelenke führen. Falls Daumen- oder Wolfskrallen vorhanden sind, müssen diese ebenfalls regelmäßig gestutzt werden. Es besteht sonst die Gefahr, daß die Hunde an diesen Krallen hängenbleiben und sich verletzen oder die Krallen rund einwachsen. Eingewachsene Krallen verursachen schlimme Entzündungen und müssen vom Tierarzt versorgt werden. Lassen Sie sich das Krallenschneiden vom Züchter oder Tierarzt zeigen. Zu forsches Vorgehen kann zu stark blutenden Gefäßverletzungen der Krallen führen. Außerdem vergißt ein Hund eine schlechte Erfahrung nicht, und jedes Krallenschneiden wird zum Kampf.

Die Kralle tritt massiv aus der Pfote heraus. Richtung Krallenspitze befindet sich eine Krümmung, dahinter ist die Kralle hohl. Diesen hohlen Teil kürzen Sie mit einer Krallenschere oder auch einer Nagelfeile, wenn Sie ganz vorsichtig herangehen möchten. Am besten nehmen Sie nur 2–3 mm ab, schneiden dafür aber öfter, um Ihrem Hund und Ihnen unangenehme Erfahrungen bei dieser Prozedur zu ersparen. Vielleicht haben Sie ja auch Glück, und Ihr Cairn wetzt sich seine Krallen beim Laufen auf harten Untergründen durch einen guten Schub von allein ab, dann müssen Sie nur auf die Daumenkrallen achten.

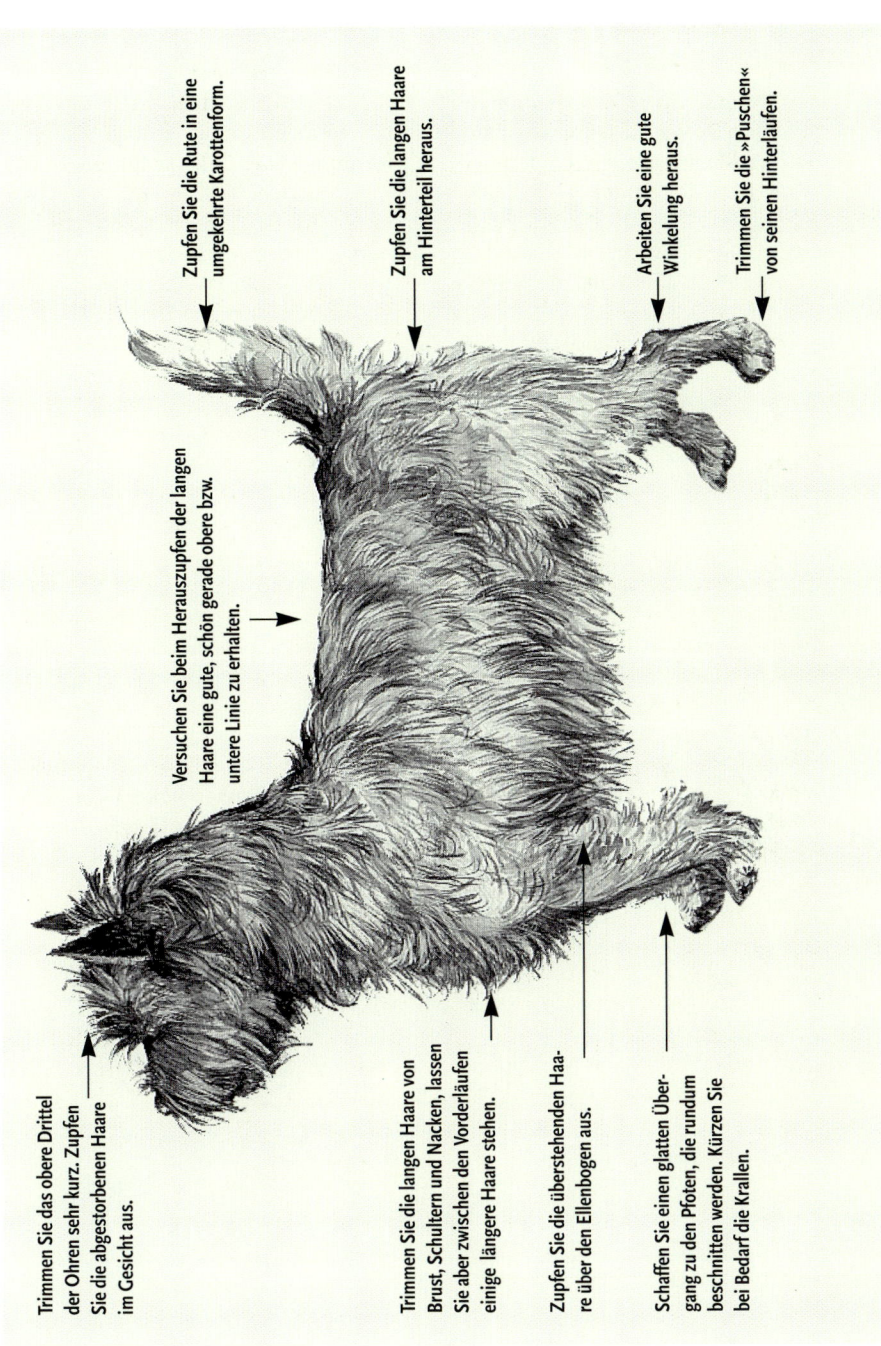

Zupfen Sie die Rute in eine umgekehrte Karottenform.

Zupfen Sie die langen Haare am Hinterteil heraus.

Arbeiten Sie eine gute Winkelung heraus.

Trimmen Sie die »Puschen« von seinen Hinterläufen.

Versuchen Sie beim Herauszupfen der langen Haare eine gute, schön gerade obere bzw. untere Linie zu erhalten.

Trimmen Sie das obere Drittel der Ohren sehr kurz. Zupfen Sie die abgestorbenen Haare im Gesicht aus.

Trimmen Sie die langen Haare von Brust, Schultern und Nacken, lassen Sie aber zwischen den Vorderläufen einige längere Haare stehen.

Zupfen Sie die überstehenden Haare über den Ellenbogen aus.

Schaffen Sie einen glatten Übergang zu den Pfoten, die rundum beschnitten werden. Kürzen Sie bei Bedarf die Krallen.

Rundum gesund

Rundum gesund

▶ Vorsorge

Ihr oberstes Motto bei der Gesunderhaltung des Cairn Terriers sollte sein: Vorbeugen ist besser als heilen! Die Grundlagen für ein gesundes Leben bekommt ein Welpe schon von einem verantwortungsvollen Züchter in die Wiege gelegt. Er achtet darauf, nur gesunde Elterntiere auszuwählen, um genetisch bedingte Probleme weitestgehend auszuschließen, und sorgt für eine umfassende Ernährung, Betreuung und Beschäftigung der trächtigen Hündin. Die hygienischen Verhältnisse um die Geburt herum und eine gute Pflege der Mutterhündin und Welpen verhindern Komplikationen und gewährleisten einen gesunden Start ins Leben.

Mit dem Tag der Übergabe müssen Sie sich dann um das Wohlergehen Ihres Welpen sorgen. Gerade Ihr junger Cairn Terrier ist für Infektionskrankheiten sehr anfällig, da sein Immunsystem noch nicht vollständig entwickelt ist. Als Besitzer eines erst wenige Wochen alten Hundes sollten Sie daher Kontakte zu unbekannten Hunden möglichst vermeiden. Die Anstekkungsgefahr ist zu groß. Lassen Sie Ihren kleinen Cairn auf Ihren Spaziergängen nicht aus den Augen. Zu schnell hat der Winzling etwas zwischen den Zähnen, was seiner Gesundheit nicht zuträglich sein kann. Bei Tierarztbesuchen sollten Sie lange Wartezeiten durch vorherige Terminabsprache möglichst vermeiden. Das Wartezimmer ist eine Quelle der Ansteckung mit den unterschiedlichsten Krankheiten. Halten Sie Ihren kleinen Terrier daher auf dem Schoß, damit der Kontakt zu kranken Tieren unterbunden wird. Im Sprechzimmer reden Sie normal und beruhigend auf Ihren auf dem Untersuchungstisch stehenden Hund ein – Stille verunsichert ihn.

TIP
Rechtzeitige Untersuchungen durch Ihren Tierarzt ersparen Ihrem Cairn Terrier Folgeschäden. Chronische Erkrankungen, Operationen oder Organschäden können vermieden werden.

▶ Impfen

Den ersten Immunschutz gegen Infektionskrankheiten erhält der Welpe durch die Aufnahme der nährstoffreichen, Antikörper enthaltenden Kolostralmilch. Dieser Schutz hält bis zur ersten Impfung an.

Die Impfungen sollten nach einem wissenschaftlich immer wieder neu überprüften Impfschema durchgeführt werden. Ein guter Züchter bildet sich fort und wird den Welpen von Anfang an den bestmöglichen Schutz mitgeben. Wirksam funktionieren kann eine Immunisierung nur bei gesunden Welpen, die nicht verwurmt und übermäßigem Streß ausgesetzt sein dürfen. Auch die Abgabe an den neuen Besitzer bedeutet Streß. Deshalb sollten Sie Ihren Welpen auch erst etwa eine Woche nach einer Impfung zu sich holen.

Alle Impfungen werden in einen Impfausweis eingetragen, den Ihnen Ihr Züchter mit einem Impfplan aushändigen wird. Im Impfplan wird beschrieben, wann Sie Ihren Cairn Terrier erneut impfen lassen müssen.

Selten kann es nach einer Impfung zu Impfreaktionen kommen, die sich durch leichte Lahmheit, Erbrechen, Druckempfindlichkeit oder Entzündung der Impfstelle, Fieber und Schüttelfrost bemerkbar machen können. Diese Symptome klingen aber bald wieder ab.

▶ Infektionskrankheiten

Staupe: Durch Viren übertragene, ansteckende, fieberhafte, lebensgefährliche Erkrankung, die immer wieder überregional ausbrechen kann. Die Staupe tritt in verschiedenen Erscheinungsformen auf und beginnt mit Fieber, gefolgt von Nasen- und Augenausfluß sowie Husten oder auch Durchfällen. Oft tritt danach eine nervöse Form mit Gleichgewichtsstörungen, Krämpfen und Lähmungen auf, die tödlich enden kann.

Hepatitis: Es handelt sich um eine ansteckende Leberentzündung, die ebenfalls durch Viren verursacht wird. Symptome sind hohes Fieber, Brechdurchfälle, Apathie und Appetitlosigkeit. Mandelentzündung und Husten machen die diagnostische Abgrenzung zur Staupe oft schwierig. Die entzünd-

▶ Impfplanrichtlinien

Grundimmunisierung

6.–7. Lebenswoche:
   Parvovirose, Staupe (Welpenimpfstoff)
9. Lebenswoche:
   Staupe, Hepatitis, Leptospirose (SHL), Zwingerhusten, Parvovirose
12.–13. Lebenswoche:
   SHL, Parvovirose, Zwingerhusten, evtl. Tollwut
16. Lebenswoche
   Tollwut, falls nicht bereits als Kombinationsimpfung in der 12.–13. Lebenswoche

Auffrischimpfungen

nach dem ersten Jahr:
   SHL, Parvovirose, Tollwut
jährliche Auffrischimpfung:
   Tollwut, Leptospirose, Parvovirose, Staupe, Hepatitis, Zwingerhusten

Bei Kontakten mit anderen Hunden kann sich der Cairn anstecken. Regelmäßiges Impfen und Entwurmen ist deshalb wichtig.

lich geschwollene Leber führt zu einer starken Druckschmerzhaftigkeit im Vorderbauchraum. Eine milchigweiße Trübung der Hornhaut des Auges kann auftreten.

Parvovirose (Katzenseuche): Eine trotz Impfungen immer wieder regional auftretende virale Erkrankung, deren Erreger sich verändern. Es treten Erbrechen und unstillbare, übelriechende Durchfälle mit und ohne Blutbeimengungen auf. Der hohe Flüssigkeitsverlust und vor allem bei Welpen die Form der Herzmuskelentzündung können zum Tod führen.

Leptospirose: Diese durch Bakterien verursachte Erkrankung ist auch unter dem Namen »Stuttgarter Hundeseuche« bekannt. Symptome sind Fieber, Mattigkeit, Durchfall, Freßunlust und unstillbares Erbrechen. Es kann zu schwerer Gelbsucht oder Nierenerkrankungen kommen.

Tollwut: Durch den Biß infizierter Tiere übertragene Viruserkrankung, die zu Wesensveränderungen, zentralnervösen Störungen, Lähmungen, Krämpfen, Speichelfluß und ggf. Raserei führt und tödlich endet.

TIP

Unterschätzen Sie die Notwendigkeit der regelmäßigen Entwurmung nicht! Würmer sind auch auf den Menschen übertragbar und können in ihren einzelnen Entwicklungsstadien im Wirt Mensch ernsthafte Erkrankungen verursachen. Besonders gefährdet sind Kinder. Regelmäßiges Händewaschen nach dem Kontakt mit dem Hund gehört daher zum Hygieneprogramm.

Zwingerhusten: Durch Viren oder auch Bakterien hervorgerufen. Man unterscheidet leichtere Verlaufsformen mit Husten (hört sich an, als ob dem Hund etwas im Halse steckt) und schwerere Verlaufsformen bis zur Lungenentzündung. Wird vor allem dann leicht übertragen, wenn sich, wie z.B. auf einer Ausstellung, viele Hunde auf engem Raum befinden.

▶ Entwurmen

Zur Gesundheitsvorsorge gehören neben den Impfungen auch regelmäßige Entwurmungskuren. Wenn Sie Ihren Welpen vom Züchter übernehmen, wurde er bereits mehrfach entwurmt. Die Entwurmungsdaten müssen auf den Wurfmeldescheinen des Klubs für Terrier vermerkt werden. Setzen Sie die Entwurmungskuren auf jeden Fall fort. Regelmäßiges Entwurmen garantiert Ihnen einen gesünderen Hund, da Parasiten seine Konstitution schwächen können und er dann auch anfälliger gegen andere Krankheiten ist.

Ihr Tierarzt wird Sie mit den nötigen Medikamenten für die monatliche Wurmkur bis zum Ende des ersten Lebensjahres versorgen. Eventuell wird er auch empfehlen, ein Medikament zu wechseln, da z.B. Spulwürmer auf einzelne Wurmmittel nicht mehr reagieren. Stellen Sie bei der Untersuchung des Kots, z.B. mit einem Stöckchen, nach einer Wurmkur abgegangene Würmer fest, muß die Wurmkur nach zehn Tagen wiederholt werden.

Einige Tierärzte untersuchen vor einer Wurmkur den Kot Ihres Hundes auf Wurmeier, um dann gezielt nur gegen die betreffende Wurmart vorzugehen. Hierfür ist es sinnvoll, an drei aufeinanderfolgenden Tagen etwas Kot aufzuheben, da die Eiausscheidungen nicht täglich stattfinden.

Die bekanntesten Darmparasiten beim Hund sind **Spulwürmer**, **Bandwürmer**, **Hakenwürmer** und **Peitschenwürmer**. Bei einem Wurmbefall hat der Welpe meist einen aufgeblähten Bauch, oft entzündete Augen und ein stumpfes Haarkleid. Starker Wurmbefall kann schädliche Auswirkungen auf alle Körperorgane haben und in einzelnen Fällen sogar zum Tod führen. Gezieltes Entwurmen ist darum unbedingt erforderlich.

▶ Ektoparasiten

Nicht nur im, sondern auch auf dem Körper des Cairn Terriers fühlt sich so mancher Schmarotzer wohl. Parasiten, die auf der Haut oder im Fell leben, werden Ektoparasiten genannt (im Körper lebende Parasiten = Endoparasiten).

Flöhe sind für den Hund nicht nur lästige Schmarotzer, sondern leider auch Bandwurmüberträger – auch auf den Menschen. Ein Floh ist beim Kämmen mit einem Flohkamm gut zu finden. Sein brauner Panzer glänzt, und er muß schnell gepackt und zerdrückt werden. Man kann seinen Vierbeiner zum Kämmen auch auf einen hellen Untergrund stellen. Sollte Flohkot herunterfallen – das sind kleine, braune Krümel, die sich in Verbindung mit Wasser wie getrocknetes Blut auflösen – ist dies ein Hinweis auf Flohbefall. Puder, Bad oder ein Halsband aus Ihrem Zoofachgeschäft oder vom Tierarzt bekämpfen den Feind und seine Nachkommen. Die vom weiblichen Floh gelegten Eier fallen vom Hund ab. Aus ihnen entwickeln sich zunächst Larven, die sich dann verpuppen. Aus den Puppen schlüpft die nächste Generation Flöhe. Aber Achtung: Nicht alle

▶ Entwurmungsplan

beim Züchter

- erste Entwurmung im Alter von 14 Tagen
- wöchentlich bis 14täglich bis zum Alter von 8 Wochen
- 1 Woche vor dem Impfen

beim Besitzer

- monatlich bis zum Ende des ersten Lebensjahres
- 1 Woche vor dem Impfen
- Hündinnen während der Hitze, da während dieser Zeit hormonell bedingt die Wurmlarven wandern
- Rüden halbjährlich bis jährlich nach Absprache mit Ihrem Tierarzt
- immer bei nachgewiesenem Befall

Auch wenn der Cairn regelmäßig geimpft und entwurmt wird, sollten sich Kinder und Erwachsene nach dem Spielen, v.a. wenn sie abgeschleckt wurden, waschen.

im Handel erhältlichen Flohmittel sind für den Hund wirklich unschädlich.

Da sich Flöhe gern in dunklen Ritzen aufhalten und nur zum »Fressen« ihren Wirt aufsuchen, benötigt man zur Bekämpfung ein Umgebungsspray. Gründliches Staubsaugen hinter Schränken, Fußleisten und in Ritzen ist wichtig. Sie können in den Staubsaugerbeutel eine Mottenkugel legen, so vernichten Sie die eingesaugten Plagegeister. Die bevorzugten Liege- und Schlafplätze Ihres Cairns müssen Sie besonders gründlich reinigen, Liegeunterlagen am besten in der Maschine so heiß wie möglich waschen. Verbinden Sie die Flohbekämpfung immer mit einer Wurmkur.

Läuse und Haarlinge kommen glücklicherweise selten vor. Man erkennt sie meist an den Veränderungen des Haarkleides, an den an den Haaren klebenden Nissen und an starker Schuppenbildung, die mit Juckreiz verbunden ist. Hier hilft eine Behandlung durch den Tierarzt.

Die **Sarkoptes-** und die **Demodexmilbe** können wie die Hausstaubmilbe einem gesunden Hund keinen Schaden zufügen. Bei einem bereits geschwächten Tier, das vielleicht auch noch eine erbliche Veranlagung dafür hat, können flohstichartige Flecken, Haarausfall, Krusten und bei starkem Juckreiz auch Kratzekzeme auftreten. Gesunde Elterntiere mit gutem Haarkleid geben Ihnen eine gewisse Sicherheit für ein ebenfalls gesundes Haarkleid Ihres Welpen.

Die **Ohrräudemilbe** bevorzugt die feuchtwarmen Nischen des äußeren Gehörganges. Wird ein Befall nicht rechtzeitig behandelt, besteht die Gefahr, daß auch Mittel- und Innenohr in Mitleidenschaft gezogen werden. Durch Kratzen, Kopfschütteln oder -schräghalten (Ohrenzwang) bemerkt man die »Untermieter«. Die Behandlung durch den Tierarzt sollte lange und gründlich durchgeführt werden, um auch später schlüpfende Milben zu vernichten.

Die **Herbstgrasmilbe** fällt besonders gut auf: Die rötlichgelben Larven sammeln sich am Bauch, zwischen den Zehen und am Kopf. Man vermutet zuerst, der Hund sei mit Farbe in Berührung gekommen. Ein Insektizid vom Tierarzt beseitigt den Schmarotzer.

Ektoparasiten:
1 Hundefloh
2 Zeckenmännchen
3 Zeckenweibchen
4 Haarbalgmilbe
5 Herbstgrasmilbe
6 Grabmilbe

Endoparasiten:
7 Spulwurm
8 Bandwurm, Kopf
  im Detail

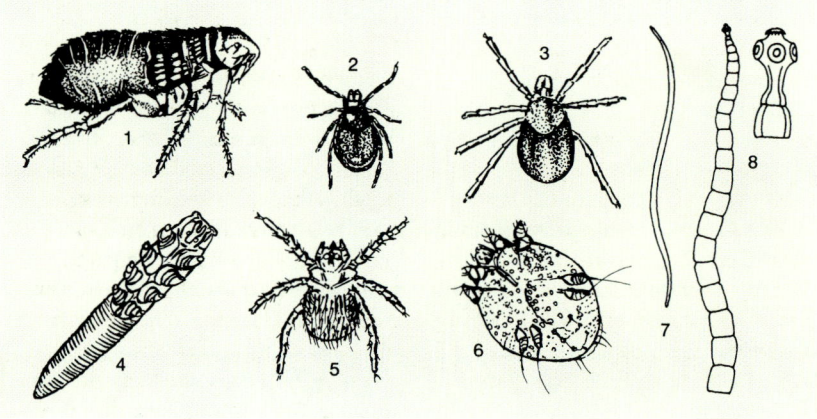

ZECKEN ▶ Zecken, auch Holzböcke genannt, sitzen an Gräsern, Farnen oder Zweigen. Sie werden im Vorbeigehen abgestreift oder lassen sich auf das Lebewesen unter ihnen fallen. Da es Nymphen und erwachsene Männchen und Weibchen gibt, ist ihre Größe unterschiedlich, und ein vollgesogenes Weibchen hat schon manchen Neuhundebesitzer erschreckt. Erbsengroß und blaugrau sitzt es auf dem Hund oder liegt vollgesaugt in der Wohnung. Mit einer Zeckenzange, die man über dem Körper der Zecke schließt, kann man eine Zecke leicht herausdrehen – nicht ziehen! – und am besten in der Toilette entsorgen. Auf keinen Fall darf man eine Zecke mit Öl, Nagellack oder Klebstoff bedecken, damit sie sich vom Hund löst. In ihrem Todeskampf gibt sie vermehrt Speichelstoffe ab, die gefährliche Krankheitserreger enthalten können. Die Ansteckungsgefahr steigt.

Achten Sie anschließend auf die Einstichstelle. Sollte eine starke Rötung oder Schwellung auftreten, kann eine Borreliose auftreten. Spätere Gelenkbeschwerden des Hundes, Nervenerkrankungen oder rheumatische Erscheinungen können ebenfalls auf eine Borreliose hinweisen. Diese durch Bakterien übertragene Krankheit kann nach einem Biß nicht nur Hunde, sondern auch Menschen befallen. Es kann also nicht schaden, wenn Sie nach einem Spaziergang auch sich selbst kontrollieren.

Zecken sind außerdem Überträger der Frühsommer-Meningoenzephalitis (FSME), einer Hirnhaut- und Hirnentzündung. Dies betrifft aber nur Zecken in sogenannten Endemie-Gebieten, also in bestimmten Regionen. Auskunft darüber gibt Ihnen Ihr Tierarzt oder das Veterinäramt.

Durch die braune Hundezecke kann in südlichen Urlaubsländern die Babesiose, eine Krankheit, die durch Gelbsucht und Anämie auffällig wird, übertragen werden. Sie ist in letzter Zeit mehrfach auch bei Hunden diagnostiziert worden.

PILZE ▶ Pilzflechten können die Ursache bei Hautproblemen sein. Es zeigen sich Haarausfall, Entzündungen mit Schuppen und Borken oder Vereiterungen der Haarbälge. Sie werden manchmal durch Kaninchen, Ratten, Mäuse oder Katzen übertragen, aber auch durch verschmutzte Decken, Trimm- und Kämmwerkzeuge oder Gegenstände, an denen sich kranke Tiere gescheuert haben. Übertragungen auf den Menschen sind möglich, in landwirtschaftlichen Betrieben kommen Jungrinder für deren Weiterverbreitung auf den Menschen in Betracht.

▶ Hautprobleme

Ekzeme gehören zu den nicht ansteckenden Hauterkrankungen bei Hunden. Am bekanntesten sind Lefzenekzeme und Ekzeme in der Scham-, Damm- oder Aftergegend.

Hautprobleme können auch durch Überempfindlichkeit gegen Stoffe ausgelöst werden, die in Kontakt mit der Haut kommen oder in sie eindringen. Pollen oder Staub sind häufige Auslöser für allergische Reaktionen, sogenannte Atopien. Es kann zu stark juckenden Hautentzündungen mit oder ohne Haarausfall kommen. Um herauszufinden, auf welche Substanzen der Hund allergisch reagiert, achten Sie genau auf seine Umweltbedingungen. Ein Hinweis kann die Jahres-

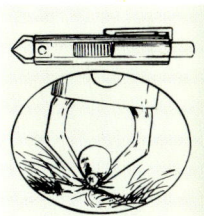

Mit einer solchen Spezialpinzette können Sie Zecken einfach und sicher entfernen.

Ein gesunder Welpe darf keine entzündeten Ohren, tränenden Augen oder laufende Nase haben.

Haut- oder Ischiasproblemen kann ein Hund wie jedes andere Lebewesen auch bekommen. Beim Cairn Terrier sind noch keine rassespezifischen Krankheiten bekannt, und die Züchter im Klub für Terrier haben die Möglichkeit, Informationen auszutauschen, um die Rasse gesund zu erhalten.

BEWEGUNGSAPPARAT ▶ Bei starkem oder anhaltendem Humpeln oder Schonen (Bein hochhalten, nicht aufsetzen) muß Ihr Cairn Terrier vom Tierarzt untersucht werden, da sowohl Verrenkungen und Verstauchungen als auch Knochenbrüche, Muskel-, Sehnen- oder Bänderverletzungen vorliegen können. Auch ein eingetretener Fremdkörper kann die Ursache sein.

Bei niederläufigen Rassen können die erblichen Erkrankungen Patella-Luxation (Kniescheibenverrenkung), Perthes (Oberschenkelkopfveränderungen) oder HD (Hüftgelenksdysplasie) auftreten. Rechtzeitige Behandlung verhindert Spätschäden. Beim Klub für Terrier müssen zur Zeit die Zuchthunde auf Patella-Luxation untersucht werden. Kranke Tiere dürfen nicht zur Zucht eingesetzt werden.

zeit sein oder auch Spritzaktionen in der Landwirtschaft.

Auch Futterallergien können sich durch Hautirritationen äußern. Mit Hilfe einer Suchdiät, während der Ihr Hund nur genau festgesetzte Nahrung bekommen darf, hat der Tierarzt die Chance, den- oder diejenigen Stoffe zu finden, die für den Juckreiz oder andere Symptome verantwortlich sind.

▶ **Mögliche Erkrankungen**

Krankheiten aller Art vom einfachen Brechdurchfall bis zu Zuckerkrankheit,

VERDAUUNGSTRAKT ▶ Erkrankungen von Magen und Darm sind bei Hunden relativ häufig. Oberstes Gebot ist immer, die Ursache zu klären. Hat Ihr Hund viel Gras gefressen und erbricht sich deshalb? Oder hat er schon länger Durchfall, ohne daß Sie einen Grund dafür finden können? Gehen Sie im Zweifel immer zum Tierarzt.

Bei leichtem Durchfall und/oder Erbrechen hilft oft ein Fastentag. Der Hund bekommt nur Kamillen- oder schwarzen Tee mit Traubenzucker und etwas Salz zu trinken. Am nächsten Tag beginnt man mit einer leichten Schonkost aus weichgekochtem Reis, etwas Hüttenkäse oder Kartoffelbrei ohne Milch. Sollte Ihr Cairn Terrier aber apathisch sein und überhaupt nicht trinken, so müssen Sie sich auf alle Fälle mit Ihrem Tierarzt in Verbindung setzen.

Achten Sie im Winter darauf, daß Ihr Cairn Terrier keinen Schnee frißt. Dies kann zu Magenbeschwerden, der sog. Schneegastritis, führen. Werfen Sie daher auch im Spiel keine Schneebälle, die Ihr Hund fängt und verschlucken könnte.

Bei schmerzhaften Bauchbeschwerden streckt Ihr Cairn Terrier im Liegen das Hinterteil hoch, um den Bauch zu entlasten. Sollte dieses Verhalten längere Zeit anhalten, ist eine Untersuchung beim Tierarzt notwendig.

Gefürchtet, weil lebensbedrohlich, ist die Magendrehung. Durch heftige Bewegungen direkt nach dem Fressen kann sich der Magen um seine Längsachse drehen, wodurch Magenein- und -ausgang verschlossen werden. Würgen, z.T. auch Erbrechen und ein dick aufgetriebener Leib nach dem Fressen sind Symptome, bei denen Sie sofort zum Tierarzt gehen müssen. Glücklicherweise sind kleine Rassen wie der Cairn Terrier für eine Magendrehung weniger anfällig als große Rassen.

GEBISS UND KIEFER ▶ Zahnstein gehört zu den häufigsten Gebißproblemen bei allen Hunden. Er bildet sich bevorzugt an den Zähnen, in deren Nähe sich die Ausführungsgänge der Speicheldrüsen befinden. Diese Ablagerungen schieben sich allmählich bis in die Zahnwurzeln vor und können

▶ Medikamente eingeben

Tabletten
Ein Stück gekochte Wurst oder ähnliches vorweg füttern, um die Gier anzuregen. Das zweite Stück Wurst mit der Tablette und sofort danach das dritte Stück Wurst zum Abschlucken hinterher geben. Das ist leichter, als die Tablette in den Rachen zu schieben. Eine zweite Möglichkeit ist, die Tablette aufzulösen und die Lösung wie Tropfen einzugeben.

Tropfen
Mit einer Spritze (aber ohne Nadel) seitlich am hinteren Ende der Lefzen einträufeln.

Augentropfen oder -salbe
Man kann diese Medikamente besser in das untere, mit einem Finger aufgeklappte Lid eingeben, wenn man mit der Flasche oder Tube seitlich an das Auge geht. Von vorn bekommt der Hund Angst.

Ohrentropfen oder -salbe
Tropfen oder Salbe in das Ohr geben und anschließend einmassieren. Reinigen Sie nie selbst das Innenohr, sondern wischen Sie nur die überflüssigen äußeren Reste und evtl. Schmutz ab.

Fiebermessen
Beim Hund wird im After mit einem eingefetteten, am besten digitalen Fieberthermometer gemessen. Nehmen Sie Ihren Cairn Terrier in den Arm, und halten Sie ihn an der Rute fest. Das Thermometer nicht zu tief (ca. 3 cm, Verletzungsgefahr), aber auch nicht zu wenig (ungenaues Meßergebnis) einführen.

Zahnfleischentzündungen und Zahnverlust verursachen. Zahnstein muß zur Gesunderhaltung der Zähne bis ins hohe Alter regelmäßig durch den Tierarzt entfernt werden. Vorbeugend geben Sie Ihrem Cairn regelmäßig Büffelhautknochen oder ähnliche Kauartikel, die wie eine Zahnbürste wirken.

Während des Zahnwechsels beim Welpen kann es passieren, daß die Milchhakenzähne nicht rechtzeitig herausfallen und die anderen Zähne schief drücken. Wenn der alte und der neue Hakenzahn gleich groß sind, muß der Tierarzt den Milchzahn ziehen. Stinkt ein Welpe in der Zeit des Zahnwechsels stark aus dem Maul, können Futterreste unter wackelnden Backenzähnen dafür verantwortlich sein. Diese Backenzähne haben scharfe Kanten, und der Welpe hat Kauprobleme. Fällt ein loser Backenzahn nicht von allein aus, wird der Tierarzt ihn mit einem geübten Griff entsorgen.

Regelmäßiges Zähneputzen beugt Zahnstein vor. Leichtere Beläge können mit einem Kratzer oder dem Daumennagel entfernt werden.

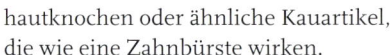

Die Erbkrankheit CMO (Craniomandibuläre Osteopathie) tritt beim Cairn Terrier sehr selten auf. Es handelt sich um eine Störung im Calciumstoffwechsel, die sich durch Entzündungen und dadurch bedingte Fehlbildungen vor allem im Kieferbereich äußert. Welpen oder Junghunde zeigen Schmerzen beim Kauen oder Berühren des Kiefers, Fieberschübe können auftreten. Eine Behandlung mit Calcium, Cortison und evtl. Schmerzmittel vom Tierarzt sowie weiches Futter helfen dem Hund, über die Krankheitsphase hinwegzukommen. Mit Abschluß der Umzahnungsphase kommt diese Kieferkrankheit zum Stillstand. Es bleiben selten Folgeschäden zurück, nur züchten dürfen Sie mit einem solchen Hund nicht.

GESCHLECHTSORGANE ▶ Normalerweise befinden sich beim Rüden zwei gleich große Hoden mit dicht anliegenden Nebenhoden im Hodensack. Bei fehlgelagerten Hoden, die nicht in den Hodensack abgestiegen sind, sollte bis zum zweiten Lebensjahr der Hoden operativ entfernt werden, damit er nicht entartet. Bei älteren Cairn Terriern sollen die Hoden regelmäßig untersucht werden. Fallen Abweichungen auf, die auf krebsartige Veränderungen hinweisen können, muß Ihr Hund operiert werden.

Prostata-Vergrößerungen können bei älteren Cairn Terriern auftreten und zu Problemen beim Harnlassen führen.

Eine Hündin kann nach einer Läufigkeit scheinträchtig werden. Zu der Zeit, in der die Welpen geboren werden müßten, verändert sich ihr Verhalten. Sie wird besonders anhänglich und bemuttert Spielzeug als Welpenersatz. Die Zitzen röten sich, es kann sogar zur Milchbildung kommen. Wenig Futter, viel Bewegung und Ablenkung bringen Hilfe. In gravierenden Fällen kann eine Hormonbehandlung durch den Tierarzt Linderung bringen. Auch homöopathische Mittel können wirksam sein. Eine Kastration (vgl. S. 18) verhindert das Auftreten der Scheinträchtigkeit.

▶ Alternative Heilmethoden

In letzter Zeit gehen immer mehr Tierärzte zu naturheilkundlichen Behandlungsmethoden über, von denen die Homöopathie, die Phytotherapie, Akupunktur, Akupressur, Eigenblut- und Eigenharnbehandlung, aber auch die Bach-Blüten-Therapie vielfach schon bekannt sind und gute Erfolge zeigen. Bei der Auswahl der Medikamente wird oft auch die Psyche der Hunde beachtet, so daß vorbeugende Maßnahmen, wie z.B. bei Reisekrankheit, mit Naturheilpräparaten durchgeführt werden können. Hautprobleme oder Wunden sprechen auf Behandlung mit Heilpflanzen sehr gut an.

▶ Erste Hilfe

Ganz wichtig in einer Notfallsituation: Bewahren Sie Ruhe. Aus diesem Grund ist es auch ganz wichtig, die Telefonnummer Ihres Tierarztes und des tierärztlichen Notdienstes immer dabeizuhaben.

Nach einem Unfall oder einer Verletzung, vor allem einer Bißverletzung, ist immer eine Kontrolle beim Tierarzt nötig. Denken Sie an einen Unfallschock, an Schädel- oder innere Verletzungen, die Sie nicht erkennen können. Aber auch nach kleineren Hautverletzungen durch Bisse können sich Abszesse bilden.

UNFALL ▶ Sichern Sie zunächst die Unfallstelle ab. Dann nähern Sie sich dem Hund ruhig und vorsichtig und leinen ihn sofort an, damit er nicht plötzlich unter Schock davonlaufen kann. Hat Ihr Cairn Terrier starke Schmerzen, könnte er versuchen zu beißen.

Ist er bewußtlos, legen Sie ihn auf die Seite und ziehen ihm die Zunge aus dem Maul. Schwerverletzte Tiere sollte man auf einem Tuch oder einer Decke transportieren und zudecken.

Stark blutende Schnittverletzungen an den Pfoten müssen mit einem Druckverband versorgt werden, damit der Hund beim Transport zum Tierarzt nicht zuviel Blut verliert. Denken Sie an Ihren Autoverbandskasten, der auch für einen »Unfallhund« viele nützliche Dinge enthält.

VERLETZUNGEN ▶ Kleinere Risse, Schnitt- und Krallenverletzungen reinigen Sie, schneiden evtl. störende Haare vorsichtig ab und behandeln die Wunde mit einer Wundtinktur. Die verletzten Stellen können auch mit einer Grüne-Seife-Lösung gebadet werden, um den

▶ Hausapotheke

- Fieberthermometer
- Pinzette, Einwegspritze
- Verbandschere, Verbandmaterial: Watte, Kompressen, Mullbinde, elastische Binde, Klebeband
- Desinfektionsmittel
- Wund- und Heilsalbe, Pfotenpflegemittel
- Insektenstich-Gel, Calcium-Präparat
- Augentropfen, Mittel gegen Durchfall und Verstopfung, Kreislaufmittel
- Wurmmittel, Flohpuder
- Telefonnummer des Tierarztes und des tierärztlichen Notdienstes

Heilungsprozeß zu beschleunigen und eine Wundheilung von innen heraus zu ermöglichen. Stellt sich aber keine Besserung ein, muß ein Tierarzt hinzugezogen werden. Bei allen tieferen, stark blutenden Verletzungen ziehen Sie einen Tierarzt zu Rate. Ebenso bei allen Bißverletzungen, denn hier besteht ein hohes Infektionsrisiko. Außerdem können tiefere Gewebeschichten verletzt sein, obwohl die Haut nur kleine Löcher aufweist.

Nüsse oder andere Dinge dieser Größenordnung. Stücke von Ochsenziemern oder Lederkauknochen dieser Größe können aus Gier verschluckt werden und dann im Hals steckenbleiben. Hier besteht Erstickungsgefahr, werfen Sie deshalb die Reste rechtzeitig weg. Bei verschluckten Fremdkörpern wie Stecknadeln, Aluminiumpapier, Steine, Strümpfe usw. müssen Sie Ihren Tierarzt konsultieren.

Teile von zerknabberten Tennisbällen

Dieser selbstbewußte Welpe legt vor Freude über seine »Beute« die Ohren an – und zeigt schon seinen kräftigen Knochenbau und das freie Gangwerk.

FREMDKÖRPER ▶ Verschluckte Fremdkörper können gefährlich werden. Wenn Ihr Hund z. B. nach dem Stöckchenkauen zu würgen beginnt, untersuchen Sie seinen Fang. Zwischen den Zähnen oder im Hals könnte sich ein Splitter verfangen haben. Versuchen Sie diesen mit Ihren Fingern zu beseitigen. Verkeilte Fremdkörper lassen Sie vom Tierarzt entfernen.

Dem Verschlucken von Fremdkörpern können Sie selbst teilweise vorbeugen: Werfen Sie beim Spiel mit Ihrem Terrier keine Steine, Kastanien,

können beim Spielen verschluckt werden und sich im Darm verhärten. Dadurch besteht die Gefahr, daß der Darm aufgeschnitten wird und es zu einer lebensgefährlichen Bauchhöhlenvereiterung kommen kann. Rettung in so einem Fall kann rohes Sauerkraut sein. Geben Sie Ihrem Cairn dieses langfaserige Gemüse zu fressen, das sich im Magen um den Fremdkörper wickelt. Der Hund kann ihn dann entweder als »Päckchen« auswürgen, oder dieses Knäuel passiert Magen und Darm leichter, ohne Verletzungen hervorzurufen.

Ein Fremdkörper muß nicht immer verschluckt werden. Schnell ist eine Scherbe oder ein spitzer Stein in die Pfote eingetreten. Auch Grannen, Getreide- oder Grassamen können sich in die Pfoten bohren. Reinigen Sie die Wunde, und legen Sie einen Verband an. Steckt der Gegenstand in der Wunde fest, ziehen Sie ihn nicht selbst heraus, das kann zu weiteren Verletzungen führen. Lassen Sie ihn von einem Tierarzt entfernen und die Wunde von ihm fachgerecht versorgen.

INSEKTENSTICHE ▶ Für Insektenstiche sollten Sie immer ein flüssiges Calcium-Präparat in Ihrer Hundeapotheke parat halten, evtl. auch antiallergische Tropfen. Damit können Sie einem Allergieschock vorbeugen.

Ist der Cairn Terrier in den Rachen gestochen worden, helfen Eiswürfel zusätzlich, die Schwellung zu verzögern, bis Sie beim Tierarzt eintreffen. An den Pfoten helfen ebenfalls eiskalte Umschläge.

▶ Der alte Cairn Terrier

Die Cairn Terrier erreichen im Durchschnitt ein Alter von 15 – 17 Jahren, es gibt aber auch einige Vertreter der Rasse, die 20 Jahre alt werden. Ab dem 10. Lebensjahr werden sich beim Cairn Terrier die ersten Anzeichen des Alters zeigen, er wird phlegmatischer und geht gemessenen Schrittes, seine Spring- und Spielfreudigkeit läßt nach. Nicht nur die ersten grauen Haare am Kopf oder auf dem Körper sind sichtbar, auch die Augen verlieren ihr jugendliches Strahlen. Als Folge des träger werdenden Stoffwechsels setzt er leichter Fett an. Die Körperhaltung wird sich verändern, und man bemerkt,

daß er nicht mehr so stark belastbar ist. Darauf sollten Sie Rücksicht nehmen, und Sie werden merken, daß Ihr Cairn Terrier bis zum Schluß eine erstaunliche Lebensfreude und Lebenskraft hat.

ERNÄHRUNG ▶ Die Ernährung ist ein ganzes Hundeleben lang wichtig. Achten Sie rechtzeitig darauf, daß Ihr Cairn Terrier nicht übergewichtig wird. Das würde nicht nur die inneren Organe wie Herz, Lunge, Leber und Nieren be-

Harte Nahrung und das Kauen an Büffelhautknochen oder einem Stöckchen pflegt die Zähne und kräftigt die Kaumuskulatur.

lasten, sondern auch den gesamten Bewegungsapparat.

Mit einer eiweißarmen Ernährung können Sie den Stoffwechsel und die inneren Organe Ihres Cairn Terriers gesund erhalten. Futtersorten mit viel Reis haben sich bei Nieren-, Leber- oder Darmproblemen bewährt. Ältere Hunde brauchen zusätzlich Mineralstoffe, Bierhefe oder auch ein Präparat für ihre Gelenke, das Sie bei Ihrem Tierarzt erhalten.

Ein gelegentlicher Fastentag, an dem Ihr Hund nur ein Knäckebrot mit

Ein alter Cairn Terrier: Bei guter Pflege und mit der richtigen Ernährung sieht er bis ins hohe Alter gut aus und genießt sein Leben.

cholesterinarmer Margarine oder einen Hundekuchen bekommt, tut ihm gut. Eine Tasse aufgequollenes Futter, dem reichlich Gemüse beigesetzt wurde, reicht ebenfalls aus.

PFLEGE ▶ Die Zahnpflege ist bei alten Hunden besonders wichtig. Meist wird beim Trimmen oder Impfen der Zahnstein entfernt. Achten Sie beim Zähneputzen einmal wöchentlich auf kaputte oder wackelnde Zähne. Da der Cairn Terrier damit nicht mehr gut kauen kann, breiten sich Karies und Zahnstein im Alter rascher aus, und er kann schnell Zahnfleischentzündungen bekommen. Wenige heile Zähne nützen ihm mehr als viele kaputte.

Bei der regelmäßigen Körperpflege achten Sie auf Veränderungen der Haut, Alterswarzen, Fettgeschwülste, Ekzeme und Entzündungen, die beobachtet oder behandelt werden müssen. Regelmäßiges Trimmen erleichtert die Fellpflege und verhindert Verfilzungen und damit verbundene Entzündungen. Im Alter ist eine Kombination von Trimmen und Schneiden machbar und akzeptabel. Der Rücken sollte aber immer getrimmt werden, um eine wetterfeste Decke zu erhalten und so auch Hautproblemen vorzubeugen.

RÜCKSICHT ▶ Im Alter nimmt die Wärmebedürftigkeit eines Hundes zu. Oft wird er sich einen Platz an der Heizung oder in der Sonne suchen. Achten Sie darauf, daß er nicht sofort von seinem warmen Schlafplatz in kalten Wind oder Regen geht, sondern die Möglichkeit hat, sich ein bißchen darauf einzustellen, oder sein Geschäft an einem geschützten Platz verrichten kann.

Solange sich Ihr Cairn Terrier in der häuslichen Umgebung und beim Spazierengehen noch zurechtfindet und Freude hat, belasten ihn die üblichen Seh- und Hörschwächen des Alters nicht. Stellen sich aber Herzprobleme ein, die medikamentös nicht zu beseitigen sind, kommt ein schnelles Abmagern, ein »Nicht-mehr-fressen-Wollen« hinzu und verkriecht sich Ihr Hund, dann muß der Tierarzt abklären, ob organische Ursachen vorliegen und erfolgversprechend behandelt werden können. Will ein Cairn Terrier aber einfach nur sterben, dann hat es der Mensch in der Hand, ihn nicht leiden zu lassen und ihn auf dem Weg in den Hundehimmel zu begleiten. Es ist beruhigend, wenn Sie miterleben, wie Ihr Weggefährte ohne Angst in Ihren Armen einschläft. Die Tierärzte verfügen heute über hervorragende schmerzlose Möglichkeiten, den Hund sanft »hinübergleiten« zu lassen.

▶ Bei diesen Symptomen zum Tierarzt!

☐ unstillbares Erbrechen; Würgen und Speicheln ohne Erbrechen

☐ Durchfall bei Welpen, mit oder ohne Blutbeimengung

☐ anhaltender Durchfall mit und ohne Erbrechen

☐ Nahrungsverweigerung über längere Zeit

☐ Schmerzempfindlichkeit, Lahmheit, eingeklemmte Rute.

☐ Bewegungsstörungen, Speicheln, Zittern, Pupillenerweiterung

☐ Krampfanfälle

☐ Insektenstiche im Maul- und Rachenbereich oder starke Reaktionen auf Insektenstiche

☐ Hautveränderungen, anhaltender Juckreiz

☐ »Schlittenfahren«

☐ unklarer Gewichtsverlust, Gewichtssteigerung oder andere unklare Veränderungen

☐ Abszesse, Furunkel, Zahnfisteln, ungewöhnlich starker Mundgeruch

☐ unklare anhaltende Schwellungen

☐ übermäßiges oder stark vermindertes Trinken

☐ Blutungen aus jeglichen Körperöffnungen

☐ Fremdkörper im Maul, Rachen, Ohr, Verdauungstrakt oder in den Pfoten

☐ Fieber (über 39,5 °C) oder Untertemperatur (unter 36 °C)

☐ Blut im Urin oder Kot

☐ Ohren: häufiges Kratzen, Druckempfindlichkeit, Geruch, Kopfschütteln, Schiefhalten des Kopfes

☐ Husten, Niesen, Schluckbeschwerden

☐ Augenverletzungen

☐ Ausfluß aus den Geschlechtsorganen, Augen oder Ohren

Erziehung leichtgemacht

Erziehung leichtgemacht

Ein so springlebendiger Hund sollte gut erzogen sein.

▶ Erziehung schafft Freiräume

Ein gut erzogener Hund ist eine Freude für Sie, Ihre Freunde und Bekannten, Nachbarn und andere Hundebesitzer. Warum?

Beobachten Sie andere Hunde und ihre Besitzer. Kläfft ein Hund immer andere Hunde an oder hinter dem Gartenzaun hervor, so empfindet das jeder als störend. Sorgt ein Hundebesitzer dafür, daß sein Hund nicht mitten auf dem Gehweg sein Geschäft verrichtet, und entsorgt sämtliche Hinterlassenschaften selbstverständlich, finden beide Anerkennung. Bettelt ein Hund nicht bei Tisch, so stört er weder zu Hause, bei Besuchen noch im Lokal. Bleibt er zudem in der Gaststätte auf Kommando »Platz« ruhig unter dem Tisch liegen, werden Bedienungspersonal und andere Gäste begeistert sein.

Wenn Sie sich einen so gut erzogenen Cairn Terrier wünschen, der sogar noch mehr kann, dann fangen Sie am ersten Tag Ihrer Partnerschaft mit der Erziehung an. Erziehung kann man nicht verschieben, und es gilt: »Was der kleine Cairn nicht lernt, lernt der große Cairn nimmermehr.« Beginnen Sie also gleich mit der Erziehung, so lernt Ihr Hund schnell, Kommandos sicher zu befolgen, mit dem schönen Nebeneffekt, daß er viel mehr Freiheiten genießen kann, wenn Sie sich auf ihn verlassen können. Und auch Sie selbst werden die Mensch-Hund-Partnerschaft viel mehr genießen können, wenn Sie Ihren Vierbeiner nicht ständig an der Leine unter Kontrolle halten müssen.

KONSEQUENZ ▶ Einen Welpen zu erziehen, ist nicht immer einfach. Er ist niedlich und verspielt und sieht aus, als müsse er ständig beschützt und behütet werden. Dabei hat er es aber schon faustdick hinter den Ohren. Ruhig und vor allem konsequent muß der Welpe an seine Aufgaben herangeführt werden und seine Grenzen kennenlernen. Sie haben ihn aus seinem Hunderudel in Ihr Familienrudel geholt. Hier muß er lernen, sich genauso wie im Hunderudel unterzuordnen und gewisse Regeln zu akzeptieren. Alle menschlichen Rudelmitglieder müssen dies ebenfalls tun. Wenn Ihr Cairn nicht auf das Sofa soll, dann darf er das bei niemandem, niemand darf ihn vom Tisch füttern, alle verwenden die gleichen Kommandos etc.

Sie können sicher sein, daß Ihr Hund durch konsequente Erziehung weder eingeschränkt wird noch Schaden davonträgt, sondern im Gegenteil sich zu einem ausgeglichenen Tier entwickelt. Hunde brauchen für sich selbst die Bestätigung, sich richtig zu verhalten. Diese erfahren sie, wenn klare Regeln gelten, die sie einzuhalten lernen.

▶ **Sehr wichtig: das Lob**

Wenn Sie Ihren Cairn Terrier mit etwa drei Monaten von Ihrem Züchter erhalten, befindet er sich in einer Entwicklungsphase, in der er äußerst aufnahmebereit und lernfähig ist (siehe S. 29, Prägung). Jetzt kann man anfangen, die individuellen Fähigkeiten und Neigungen seines Hundes zu nutzen, um ihm unerwünschte Verhaltensweisen abzugewöhnen und erwünschte anzuerziehen.

Alle Dinge, die Ihnen am Verhalten Ihres Cairn Terriers gefallen – und die Sie auf Dauer erhalten möchten – loben Sie mit heller freundlicher Stimme. Dabei ist es ganz wichtig, die Lobesworte an der richtigen Stelle einzusetzen und Ihren Hund nicht zu irritieren, das heißt, immer genau in dem Moment, in dem er das Verhalten zeigt, das Sie sich von ihm wünschen.

Sollte Ihr Welpe sich beim Impfen wie wild gebärden und vielleicht sogar versuchen, nach dem Tierarzt zu schnappen, so würde er in dieser Situation freundliches Reden und Streicheln – mit dem Sie ihn eigentlich beruhigen wollen – als Bestätigung für sein »Fehlverhalten« verstehen und es bei der nächsten Gelegenheit wieder an den Tag legen. Lob mit Stimme und Streicheleinheiten darf also nur bei von Ih-

▶ 10 Regeln für die Hundeerziehung

1. Einmal gelernt – immer gelernt, aber regelmäßig wiederholen.

2. Kommando geben – ausführen lassen – loben.

3. Immer die gleichen Kommandos benutzen und diese jeweils mit einem bestimmten Handzeichen verbinden.

4. Jedes Lernen mit einer gelungenen Übung und einem Lob beenden.

5. Hohe Stimme – Zustimmung oder Lob.

6. Tiefe Stimme – Kommando oder auch mal Tadel.

7. Ordnung muß sein – Regeln immer einhalten.

8. Nie mit Ihrem Cairn Terrier üben, wenn Sie selbst ungeduldig oder verärgert sind.

9. Spielen erhöht seine Lernfreude – Lernen und Spiel verbinden.

10. Ein Hund lernt durch ständiges Wiederholen, durch Gewohnheit und Erfahrung. Er selbst kennt nur Erfolg oder Mißerfolg.

nen erwünschtem Wohlverhalten eingesetzt werden.

▶ **Erziehungshilfsmittel**

Ihre Stimme, die lobt, Streicheleinheiten, mal ein besonders begehrtes Leckerli zur Belohnung, ausgelassenes Spiel und Ihre Konsequenz sind die grundlegenden Instrumente, die Ihnen

TIP

Strafen Sie Ihren Cairn Terrier nie mit Schlägen. Eine zusammengerollte Zeitung, die man in die eigene Hand, auf den Tisch oder an den Türrahmen o. ä. schlägt, zeigt Ihrem Hund, daß etwas verboten ist. Ihn zu ignorieren, ist eine recht gute Strafe für einen Hund.

bei der Hundeerziehung zur Verfügung stehen. Daneben gibt es noch einige »technische« Hilfsmittel, die Ihnen die »Arbeit« erleichtern.

HALSBAND ▶ Ein Welpe benötigt am Anfang nur ein leichtes Halsband. Es soll zwar locker sitzen, aber doch so eng sein, daß er nicht mit dem Kopf herausschlüpfen kann. Sie können ihn an das Halsband gewöhnen, indem Sie es ihm vor dem Füttern oder vor dem Spielen umlegen. So wird er abgelenkt und verbindet sein Halsband mit etwas Angenehmem. In der Wohnung kann das Halsband manchmal zur Erziehung wichtig sein, da Sie den kleinen Cairn Terrier daran wunderbar festhalten können. So können in Ruhe Kommandos geübt oder der Hund gekämmt werden.

Beim erwachsenen Cairn Terrier hat sich ein Würgehalsband aus Leder oder Nylongewebe mit einem Stop bewährt. Es läßt sich genau anpassen und schnell über die Ohren streifen. Dadurch kann es an der Leine angeklipst bleiben, da der Hund das Halsband normalerweise nur zum Spazierengehen übergestreift bekommt. Bitte reißen Sie nicht am Halsband, auch nicht mit der Leine. Die Halswirbel und

der Kehlkopf sind zu schwach, Sie könnten Ihren Hund verletzen.

Viele Hunde sind besonders aufmerksam, wenn Ihnen das Halsband angelegt wird. Es zeigt ihnen: Ich beschäftige mich jetzt mit dir. Verbinden Sie das Anlegen des Halsbandes deshalb immer mit dem Kommando »Sitz« (siehe dort).

LEINE ▶ Die Leine ist unser »verlängerter Arm«. Mit ihr können wir den Hund beeinflussen, auch wenn er nicht in greifbarer Nähe ist. Einige Leinen kann man auf halber oder ganzer Länge benutzen und hat somit zwei in einer. Der Cairn Terrier muß lernen, daß er bei kurzer Leine an Ihrer linken Seite bei Fuß gehen muß, bei langer Leine aber Zeit zum Schnüffeln hat oder sich erleichtern kann.

Der Welpe wird sich an das Gehen an der Leine schnell gewöhnen und mit ihr vertraut sein, wenn Sie ihn beim Spazierengehen immer dann fröhlich loben, wenn er unbeeindruckt von dem

Er hat das Kommando »Sitz« prima befolgt ...

fremden Ding neben ihnen hergeht. An der Leine bitte nie stark ziehen oder rucken. Er darf sie auch nicht als Spielzeug ansehen oder an ihr knabbern.

Eine Ausziehleine ist nur in der Setzzeit des Wildes angebracht, da dann Leinenzwang herrscht. Mit mehreren Metern Leine ist dann sein Aktionsradius nicht zu extrem eingeschränkt. Doch eine Ausziehleine kann auch Gefahren mit sich bringen: Schon mancher Hund ist unter ein Auto gekommen, weil er mit ihr nicht schnell genug gestoppt werden konnte.

▶ Sitz!

Diese Übung ist schon in den ersten Tagen als Hundebesitzer ein guter Einstieg in die Erziehung Ihres Cairn Terriers. Ein kleiner Hund setzt sich immer wieder von alleine. Nutzen Sie diesen Moment: Sagen Sie »Sitz« als Signalwort und loben Sie ihn dafür. Sie können ihm auch ein Leckerli oder sein Lieblingsspielzeug vor die Nase halten und dann langsam nach oben und hin-

ten führen. Ihr Welpe ist sicher so neugierig, daß er das Objekt der Begierde im Auge behalten will – und dazu muß er sich setzen. Sie sagen »Sitz« und er bekommt die Belohnung. So lernt er rasch sein erstes Kommando.

Eine Methode für etwas dickköpfigere Vierbeiner: Sie streifen ihm das Halsband über und halten ihn daran fest. Mit der anderen Hand drücken Sie das Hinterteil Ihres Cairn beim Kommando »Sitz« sanft nach unten. Sprechen Sie dabei das Kommando mit hoher Stimme und langgezogenem i: »Siiiiitz«. Sitzt Ihr Hund dann allein, wird er mit hoher Stimme gelobt, zusätzlich bekommt er sofort eine Streicheleinheit, hin und wieder auch ein Leckerli. So verbindet er das Befolgen eines Kommandos mit einer angenehmen Erfahrung.

Ihr Cairn soll möglichst eine Weile sitzenbleiben, wobei er weiter gelobt wird. Diese Übung sollte fünf Minuten am Stück aber nicht überschreiten, kann dafür jedoch einige Male täglich durchgeführt werden. Sie belastet Ihren kleinen Hund auch nicht, da Sitzen eine natürliche Stellung für ihn ist.

Verbinden Sie das Hörzeichen »Sitz« von Anfang an mit einem Sichtzeichen, z.B. indem Sie mit dem Finger auf den Boden zeigen. So lernt Ihr Cairn Terrier zusätzlich die Körpersprache als Kommunikationsmittel zwischen Mensch und Hund. Einige Hunde führen später alle Kommandos auf Finger oder Handzeichen aus.

▶ Komm!

Wie »Sitz« ist auch »Komm« eine Übung, die Sie vom ersten Tag an mit Ihrem Welpen immer wieder wiederholen sollten. Es ist ein sehr wichtiges

... und bekommt zur Belohnung ein Leckerchen.

Kommando, denn Sie sollten sich darauf verlassen können, daß Ihr Hund es sicher befolgt.

Mit dem Welpen üben Sie so: Jedesmal, wenn Ihr Welpe von alleine zu Ihnen herankommt, sagen Sie »Komm« und loben ihn. Schnell lernt er, daß es sehr angenehm ist, zu Ihnen hinzulaufen. Er verbindet Sie und das Herankommen zu Ihnen mit Freude, Spiel, Streicheln und leckerem Futter. Hocken Sie sich nieder, wenn Sie Ihren Cairn Terrier rufen. Ein großer, nach vorn gebeugter Mensch könnte für ihn bedrohlich wirken.

Rufen Sie Ihren Welpen nie, wenn er gerade beschäftigt ist. Ein Welpe kann noch nicht abwägen, ob sein Interesse an irgendwelchen Dingen oder der Gehorsam wichtiger ist. Tadeln Sie auch Ihren Hund nie, wenn er erst nach einer Verzögerungszeit kommt. Er versteht Ihren Tadel dann nämlich als Strafe für das Kommen, nicht als Strafe für die Verzögerung. Er kann Lob oder Tadel nur mit dem verknüpfen, was er in diesem Moment tut. Das verzögerte Reagieren auf »Komm« passiert oft in der Pubertätsphase der Hunde mit etwa sieben bis neun Monaten.

Auf »Komm« saust dieser Cairn Terrier wie eine Rakete zu Herrchen oder Frauchen.

Ihr Cairn Terrier fühlt sich jetzt so sicher, daß ihm der enge Kontakt zu seinem Rudelführer nicht mehr so wichtig erscheint.

PROBLEME VERMEIDEN ▶ Um zu verhindern, daß Ihr Terrier beim Befolgen des Kommandos »Komm« eine gewisse Nachlässigkeit einkehren läßt, geben Sie ihm vor allem in der Pubertätsphase nie die Gelegenheit, seinen Kopf durchzusetzen. Rufen Sie ihn nie heran, wenn Sie wissen, daß er sowieso nicht kommen wird, weil er gerade mit ganz anderen Dingen beschäftigt ist und Sie gar nicht wahrnimmt. Sollte Ihr Cairn an bestimmten Orten (z.B. Garten oder Haustür) auf »Komm« nicht gehorchen, versuchen Sie die Situation zu umgehen, indem Sie ihn schon vorher sitzen lassen und ihn anleinen. Das schont Ihre Nerven, und Ihr Cairn Terrier wird sich bald in dieser oder ähnlichen Situationen gesittet benehmen.

KLEINE HILFEN ▶ Wenn Sie mit Ihrem Hund »Komm« üben, gibt es natürlich auch Hilfsmöglichkeiten. Eine Methode ist, am Halsband eine lange, dünne Leine (Wäscheleine) oder einen Bindfaden zu befestigen. Wenn Sie das Ende der Leine beim Kommando »Komm« langsam zu sich ziehen und Ihren Cairn Terrier dabei natürlich loben – mal mit der Stimme oder auch mal mit einem Leckerli –, wird er sehr gut verstehen, was Sie von ihm wollen. Lob und Leckerli machen das Befolgen des Kommandos überaus attraktiv.

Draußen muß man aufpassen, daß der Cairn Terrier sich nicht aus einem bestimmten Radius entfernt. Dann

denkt er oft: »Wer mich bis hierher hat laufen lassen, läßt mich auch noch weiter laufen.« Gerade hierfür eignet sich die Methode mit der langen Leine sehr gut. Rufen Sie Ihren Cairn Terrier aber immer rechtzeitig zurück.

Eine andere Möglichkeit ist das Üben während des Spielens. Locken Sie den Cairn mit seinem Lieblingsspielzeug und rufen dabei »Komm«. Auch bevor Sie ein Stöckchen werfen, rufen Sie Ihren Hund zu sich her. So lernt er schnell: Wenn ich komme, geht es gleich mit einem tollen Spiel weiter.

Kommt Ihr Hund nicht, versuchen Sie ihn auszutricksen, indem Sie einfach in die andere Richtung davonlaufen. Das erfordert zu Anfang natürlich etwas Mut von Ihrer Seite. Doch gerade Welpen versuchen immer, Kontakt zu ihrem Rudel zu behalten. Wenn Sie also von ihm weglaufen, wird er Ihnen schnell folgen, um Anschluß zu behalten. Sobald er wieder bei Ihnen ist, wird er natürlich kräftig gelobt. Genauso hilft ihm das Spiel »Verstecken« zu begreifen, daß er das Kommando »Komm« immer befolgen sollte, weil sonst die Gefahr besteht, Sie aus den Augen zu verlieren. Haben Sie sich versteckt, weil Ihr kleiner Cairn Terrier nicht gleich kommt, fühlt dieser sich verlassen und wird hochbeglückt sein, sobald er Sie wiedergefunden hat.

Bei besonders sturen Exemplaren und auch vielen schon erwachsenen Hunden hilft manchmal nur noch eine hinterhergeworfene Leine, eine Wurfkette oder kleine Kieselsteinchen, die aber gar nicht treffen müssen. Eine mit Steinen gefüllte Dose, die Sie Ihrem Hund hinterherwerfen, macht ihm durch den Krach, den sie verursacht, klar, daß er gerade etwas Falsches tut.

Außerdem lernt Ihr kleiner Trotzkopf, daß Ihre Reichweite größer ist, als er annimmt und das Befolgen von Kommandos weitaus angenehmer als möglicher »Ärger«.

Anstatt das Kommando »Komm« zu sprechen, können Sie auch eine Pfeife verwenden. Dabei ist es egal, ob Sie ein Modell verwenden, das auch Sie hören können, oder eine spezielle, sogenannte »stumme« Hundepfeife, die nur Ihr Cairn Terrier hören kann.

► **Platz !**

Wenn Sie mit Ihrem Cairn Terrier später zur Welpenschule, Begleithundeausbildung oder zum Agility gehen

Mit seinem Lieblingsspielzeug läßt sich der Cairn ins Platz locken.

wollen, wird dieses Kommando für das sofortige Hinlegen genutzt.

Aus dem Sitz heraus legt sich Ihr Cairn hin, wenn Sie ein in der Hand verborgenes Leckerli vor seinen Augen nach unten und vorne auf den Boden führen. Will er es haben, muß er sich dazu hinlegen. Jetzt sagen Sie »Platz« und loben und belohnen den kleinen Schüler.

Sie können auch die Leine mit leichtem, konstantem Druck in Richtung Fußboden ziehen und abwarten, bis sich der Hund hingelegt hat. Dazu erfolgt das Kommando »Platz« – wieder langgezogen ausgesprochen – und ein Sichtzeichen. Liegt Ihr Cairn Terrier, so wird er ausgiebig gelobt. Achten Sie darauf, daß der Hund beim Loben liegenbleibt.

▶ Bleib!

Soll Ihr Hund nach dem Befehl »Platz« liegenbleiben, während Sie sich von ihm entfernen, so muß er zuvor das Kommando »Bleib« erhalten. Diese Übung ist schon recht schwierig und sollte erst begonnen werden, wenn der Hund den Befehl »Platz« sicher beherrscht. Treten Sie dann vor ihn, und sagen Sie deutlich »Bleib«. Behalten Sie Ihren Cairn im Auge, während Sie sich entfernen, und korrigieren Sie ihn, sobald er sich erhebt, um Ihnen zu folgen. Er hört dann wieder »Platz« und »Bleib«. Um es Ihrem Terrier nicht allzu schwer zu machen, entfernen Sie sich zunächst nur wenige Schritte. Bleibt der Hund liegen, bis Sie zu ihm zurückgekehrt sind, wird er ausgiebig gelobt. Auch hierbei darf er sich noch nicht erheben.

GEH SCHLAFEN ▶ Wollen Sie, daß Ihr Cairn Terrier sich auf Kommando an einen bestimmten Platz oder in sein Körbchen legt, benutzen Sie dafür ein anderes Hörzeichen, z. B. »Geh schlafen«. Geben Sie dieses Kommando, wenn Sie ihn zu seinem Platz bringen oder wenn er sich von allein auf diesen begibt. Vergessen Sie nicht den freundlichen Klang in Ihrer Stimme und ein dickes Lob. Ihr Cairn Terrier darf auch für kurze Zeit dort angebunden werden. Wenn Sie in seine Richtung schauen, loben Sie ihn immer mit Ihrem gewählten Kommando dafür, daß er so brav dort liegen bleibt.

Steht der Cairn auf und verläßt seinen Platz, bevor Sie es wollen, bringen Sie ihn zurück und geben wieder das Kommando »Geh schlafen«. Üben Sie dieses Kommando nur zweimal am Tag für höchstens fünf Minuten.

LAUF! ▶ Genauso wichtig, wie das Befolgen der Kommandos konsequent zu verlangen, ist es auch, Befehle wieder aufzuheben. Mit einem speziellen Signalwort wie »Lauf« oder auch »Geh

»Bleib!« – der Cairn bleibt brav auf der Stelle liegen.

spielen« brechen Sie eine Übung deutlich ab, und Ihr Hund kann sich wieder frei bewegen. Gerade nach »Platz« und »Bleib« ist dieses »Erlösen« wichtig, denn der Cairn soll ja nicht dann aufstehen, wenn er es für richtig hält, sondern erst, wenn Sie es wollen.

▶ Aus!

Es ist von größter Wichtigkeit, daß Ihr Cairn Terrier lernt, Dinge auf Ihr Kommando herauszugeben. Sie müssen ihm jederzeit Spielzeug, Essen oder Gefundenes aus dem Fang nehmen können. Das Herausgeben von Dingen aus dem Fang ist eine deutliche Unterwürfigkeitsgeste, die schon früh mit dem Welpen im Spiel geübt werden muß, damit der erwachsene Hund später das »Aus« befolgt. Halten Sie mit der einen Hand den Gegenstand, den er herausgeben soll, und greifen mit der anderen Hand über seinen Fang, um sein Maul zu öffnen. Hierbei erhält der Cairn Terrier das Kommando »Aus«. Sie können es auch mit einem Aufstampfen des Fußes verbinden. Sobald er losläßt, wird er gelobt. Dann Gegenstand zurückgeben – wegnehmen – loben – wiederholen. Versteckt er sich mit seiner Beute, fassen Sie ihn und üben weiter.

Ganz wichtig bei dieser Übung: Sie sind der Boß, der Alpha-Hund, sein Leittier. Wenn Sie wollen, daß Ihr Cairn Terrier etwas hergibt, muß er das tun. Seien Sie konsequent. Dabei werden Sie feststellen, daß ihm so etwas auch Spaß macht, und große Hunde lieben diese Übung als Apportierspiel.

PFUI! NEIN! ▶ Alle von Ihnen unerwünschten Dinge, die Ihr Cairn Terrier tut (z.B. Beknabbern von Gegen-

ständen, auf Stuhl oder Sofa springen), belegen Sie mit dem Kommando »Pfui« oder »Nein«. Entscheiden Sie sich für das Wort, das Ihnen am geläufigsten ist, da Ihr Cairn Terrier mit einem bestimmten Kommando nur eine Anweisung verbindet. Sobald Sie ihn

»Geh schlafen!« – mit einem eindeutigen Kommando schicken Sie Ihren Hund in sein Körbchen, wo er auch bleiben soll.

bei einer Unart erwischen, hört er das Kommando. Das Aufstampfen mit dem Fuß während des Kommandos ist zur Unterstützung hilfreich. Manchmal müssen Sie ihn bei diesem Kommando zusätzlich im Nacken packen und auf den Boden drücken – eine typische Unterwerfungsmaßnahme unter Hunden. Strafen Sie nicht zu vorsichtig, Ihr Hund könnte es sonst als Spiel auffassen. Hundemütter oder andere Rudelmitglieder gehen oft viel grober mit den Welpen um, als ein Hundelaie sich vorstellen kann. Der kleine Kerl wird sehr schnell begreifen, was erlaubt ist und was nicht. Das Kommando »Pfui« oder »Nein« kann sogar einmal lebensrettend sein, wenn Ihr Cairn Terrier Dinge aufnehmen will, die giftig oder verseucht sind.

Leinenführigkeit heißt, nicht an der Leine ziehen. Korrigieren Sie mit einem kurzen Ruck.

an zu ziehen, ziehen Sie ihn maßvoll mit dem Kommando »Fuß« an Ihre Seite zurück oder Sie bleiben einfach stehen.

Sollte Ihr Cairn Terrier zu den hartnäckigen Kandidaten gehören, die trotz all Ihrer Geduld ständig an der Leine ziehen, kann später ein Halti zum Abgewöhnen nützlich sein.

LINKSVERKEHR ▶ Gewöhnen Sie Ihrem Hund an, immer an Ihrer linken Seite zu gehen. Entscheiden Sie sich später für ein Training auf dem Hundeplatz, werden Sie feststellen, daß die Hunde dort immer links geführt werden. Auch im alltäglichen Leben hat dies seine Vorteile. Bei einem Einkaufsbummel können Sie sich darauf verlassen, daß Ihr Hund Ihnen nicht ständig vor oder zwischen den Füßen herumläuft. Bewegen Sie sich als Fußgänger auf einer Landstraße, ist Ihr Hund an Ihrer linken Seite immer relativ sicher von den vorbeirasenden Autos abgeschirmt.

Wenn Sie eine Straße überqueren

In der Pubertätsphase kann es passieren, daß ein junger Rüde versucht, seinen Geschlechtstrieb an Beinen oder Gegenständen auszuprobieren. Es mag Ihnen zu Anfang lustig erscheinen. Sie müssen es aber schon in der Anfangsphase mit einem deutlichen »Nein« unterbinden, damit sich daraus nicht eine störende Unart entwickelt.

▶ Leinenführigkeit und Fuß!

So praktisch sie Ihnen auch erscheinen mag, die Laufleine mit bis zu fünf Metern Länge ist für die Hundeerziehung und das Partnerschaftsverhältnis Mensch–Hund nicht geeignet. Das Bei-Fuß-Gehen lernt der Cairn Terrier am einfachsten an einer Leine mit normaler Länge. Reden Sie freundlich mit Ihrem Welpen, wenn Sie ihn an die Leine nehmen, und nach kurzer Gewöhnungszeit wird er selbstbewußt neben Ihnen marschieren. Tut er dies bei locker durchhängender Leine, geben Sie ihm das Kommando »Fuß« und loben ihn kräftig. Fängt Ihr Cairn Terrier

▶ Halti

Beim Halti handelt es sich um eine Art Halfter, das um Kopf und Schnauze des Hundes gelegt wird. Beginnt er beim Marschieren an der Leine zu zerren, weil er etwas Interessantes sieht, können Sie über das Halti seinen Kopf in Ihre Richtung ziehen und damit ein Vorwärtsstürmen verhindern. Was er gerade noch so interessant fand, ist aus seinem Blickfeld verschwunden, und die Zieherei wird unterbrochen.

wollen, sollte Ihr Cairn schon als Welpe lernen, sich zuvor am Rande des Bürgersteigs neben Sie zu setzen. Auf diese Weise vertieft sich außerdem das bereits gelernte Kommando »Sitz«. Erst beim Weitergehen wird dieser Befehl durch »Fuß« aufgehoben. So lernt der kleine Terrier ohne Probleme, am Straßenrand zu warten. Das ist für seine und die Sicherheit aller Verkehrteilnehmer sehr wichtig.

FREIFOLGE ▶ Hat Ihr Cairn Terrier gelernt, auf das Kommando »Fuß« bei lockerer, durchhängender Leine an Ihrer Seite zu marschieren, ist es an der Zeit, ihm beizubringen, daß er auch ohne Leine an Ihrer Seite läuft. Die Besitzer großer Hunde haben es beim Wegfall des Kontaktmittels Leine etwas einfacher. Ein schneller Griff ans Halsband oder ein Streichen über den Kopf vermitteln dem Hund hier immer wieder das Gefühl, eng mit dem Rudelführer verbunden zu sein. Besitzer kleiner Hunde müssen diesen leinenlosen Kontakt deshalb insbesondere über eine freundliche Stimme, möglicherweise ein Leckerli oder ein Quietschtier in der Hand aufrechterhalten.

▶ Unarten abgewöhnen

BETTELN ▶ Bettelt Ihr Cairn Terrier mit schmachtendem Hundeblick, während Sie essen, winselt er oder versucht sogar auf Ihren Schoß zu gelangen, schieben Sie ihn wieder auf die Erde und verbinden dies mit dem Kommando »Nein«. Sie können ihn auch mit dem entsprechenden Befehl zu seinem Liegeplatz schicken. Da Ihr junger Hund zunächst immer wieder betteln wird, liegt es an Ihrer Konsequenz – und der der ganzen Familie –, diese

Untugend abzustellen. Kräftiges »Auf-den-Tisch-Hauen« verleidet ihm ebenfalls die Bettelei. Bis er sicher gelernt hat, bei Tisch nicht mehr zu betteln, sollte er in einem anderen Zimmer bleiben, wenn Sie mit Gästen essen. Da fremde Personen dem Hund gerne heimlich Essen zustecken, wird er gerade in seiner Entwicklungsphase nicht verstehen, daß er nicht betteln darf.

ANSPRINGEN ▶ Nichts ist unangenehmer als ein Hund, der jedermann, möglichst noch mit Schlammpfoten, anspringt. Unterbinden Sie daher alle Ansätze bereits zu Hause. Begrüßt Sie Ihr Terrier durch wildes Anspringen, erhält er von Ihnen das Kommando »Nein«, und Sie setzen seine Vorderpfoten auf den Boden. Bleiben Sie in der Hocke, kraulen Sie den kleinen Kerl nun kräftig durch, und loben Sie ihn. Sie können Ihren springenden Hund auch vorsichtig mit dem Fuß oder Knie abdrängen. Ruhige, gleichbleibende Kommentare haben den besten Erfolg.

Auf Spaziergängen vermeiden Sie

Das Lieblingsspielzeug als Belohnung kann so manches Leckerchen ersetzen.

TIP

*Klären Sie in Ihrer Familie die Er-
ziehungsregeln ab, damit Ihr Cairn
Terrier von allen gleich behandelt
wird und immer die gleichen Kommandos erhält.*

unliebsame Begegnungen, indem Sie
ihn rechtzeitig heranrufen. Lassen Sie
ihn an Ihrer Seite sitzen, nehmen Sie
ihn an die Leine oder lassen Sie ihn bei
Fuß gehen, bis die anderen Personen
an Ihnen vorbei sind.

KLÄFFEN ODER BELLEN ▶ Ein alles
anbellender Cairn Terrier, der auf kein
Kommando reagiert, ist eine Belastung
für Sie und Ihre Umwelt. Schon Ihren
kleinen Cairn nehmen Sie am Halsband oder fassen ihn am Genick und
sagen ihm deutlich »Nein«, wenn er
unberechtigterweise zu schimpfen beginnt. Reagiert er nicht, schauen Sie
ihm in die Augen und geben das gleiche Kommando noch einmal. Sobald er
still ist, reden Sie beruhigend auf ihn
ein und loben ihn.

Dasselbe müssen Sie auch beim erwachsenen Cairn Terrier, wenn nötig,
immer wieder wiederholen. Läuft er am
Gartenzaun entlang und verbellt etwas,
so locken Sie ihn möglichst ruhig zu
sich. Wenn Sie selbst schreien, denkt
Ihr Hund: »Herrchen bzw. Frauchen
bellt mit. Das ist prima!« Als Lockmittel
eignet sich ein Ball, Quietschtier oder
Leckerli.

▶ **Alleinbleiben**
Üben Sie mit Ihrem Cairn Terrier
rechtzeitig das Alleinbleiben.
Schicken Sie Ihren Hund hierzu auf
seinen Schlafplatz, und begeben Sie

sich selbst außer Sichtweite. Die kurz-
zeitige Einsamkeit können Sie ihm
erleichtern, indem Sie ihm einen
Kauknochen zur Beschäftigung anbieten. Für etwas Geräuschkulisse im
Hintergrund kann das leise laufende
Radio sorgen. Verbinden Sie Ihr Fort-
gehen mit einem festen Ausspruch,
z. B.: »Ich komme gleich wieder.«

Kaum haben Sie den Raum verlas-
sen, wird Ihr Cairn Terrier vielleicht beginnen zu jammern. Gehen Sie nun
zurück, und machen Sie deutlich (z. B.
Schnauze zuhalten, Kommando
»Nein«), daß Sie Gejaule nicht wünschen. Ihr Cairn wird das bald begriffen
haben und Sie ruhig gehen lassen. Ziehen Sie sich nun für einige Minuten innerhalb der Wohnung so zurück, daß
der Hund Ihre Anwesenheit nicht bemerkt. Sollte er zu quietschen beginnen, bevor Sie beschlossen haben, ihn
aus seiner Einsamkeit zu erlösen, gehen Sie wieder zu ihm und machen
ihm deutlich »So nicht!« Danach verlassen Sie ihn nochmals. Kehren Sie
anschließend zu Ihrem still gebliebe-
nen Hund zurück, und loben Sie ihn
ausgiebig. Er merkt sich dann: »Bin ich
allein und schön ruhig, kommt gleich
jemand und lobt mich.«

Die Zeiten Ihrer Abwesenheit können Sie nun von Mal zu Mal steigern.
Ihr Hund begreift, daß Sie ihn nicht im
Stich lassen und immer wieder zu ihm
zurückkehren.

▶ **Hundeschulen**
Besuchen Sie mit Ihrem Cairn Terrier
eine Welpenspielstunde. Die Adressen
erfahren Sie in Ihrem Zoofachgeschäft,
beim Tierheim, bei örtlichen Hundesportvereinen, bei manchen Tierärzten
oder Ihrem Züchter. Schauen Sie sich

schon vorher die Übungsplätze an, und überprüfen Sie, wo Sie sich mit Ihrem Hund am wohlsten fühlen würden. Sie finden dort Hundefreunde, die Ihnen bei der Erziehung fachgerecht helfen und Sie mit Ihrem Cairn Terrier ermuntern, andere Hundesportarten mitzumachen. Sie lernen erfahrene Hundehalter kennen, die Ihnen mit Rat und Tat zur Seite stehen, wenn es mit der Erziehung einmal nicht so recht klappen will.

ÜBUNG MACHT DEN MEISTER ▶ Werfen Sie nicht gleich die Flinte ins Korn, wenn Ihre Erziehungsversuche nicht sofort von Erfolg gekrönt sind. Auch unter Hunden gilt: Es ist noch kein Meister vom Himmel gefallen! Gerade unsere Cairn Terrier sind äußerst couragierte Hunde, die noch dazu im jagdlichen Einsatz früherer Zeiten sehr selbständig arbeiten mußten. Diese heute noch existierenden

Eigenschaften machen die Erziehung nicht gerade einfacher. Mit Geduld, Ruhe und Konsequenz werden Sie jedoch die Oberhand behalten. Lassen Sie sich von einem kleinen, vierbeinigen Querulanten nicht aus der Reserve locken. Bei aller Intelligenz und Anpassungsfähigkeit des Cairn Terriers darf man nie vergessen, daß er unsere gesprochene Sprache nicht versteht und ganz anders denkt als wir. Auch der schlaueste Cairn wird Sie nicht verstehen, wenn Sie sich vor ihn stellen und ihm nett erzählen, was für ein Ferkel er doch ist, weil er sich gerade mit Heißhunger auf einen Haufen Pferdeäpfel gestürzt und sich zum krönenden Abschluß der Mahlzeit noch in letzten Resten gewälzt hat. Nur durch die Klangart Ihres Redens wird er mit angelegten Ohren vor Ihnen auf dem Boden kriechen oder Sie mit wedelnder Rute anhimmeln. Ist er mit seiner Pferdeäpfelmahlzeit fertig und hat sich längst anderen Dingen zugewandt, während Sie eben nur noch das mit Frau Müller geführte Gespräch beendet haben, weiß das kleine Monster natürlich nicht mehr, worum es geht, wenn Sie ihn erst hinterher und nicht auf frischer Tat für seine Untat strafen.

Sie sehen, daß Hundebesitzer gefordert sind. Sie müssen lernen, den Hund zu verstehen, damit er Sie zu verstehen lernt. Darum bedeutet Hundeerziehung auch Selbsterziehung.

Am Beispiel Hund und Baby wird deutlich, welche Assoziationen ein Hund herstellt, und auch, was das für Ihr Verhalten bedeutet: Bekommt der Cairn immer dann viel Zuwendung und Streicheleinheiten, wenn das Baby dabei ist, findet er auch das Baby toll.

Auch Kinder können in der Hundeschule mit ihrem Hund üben.

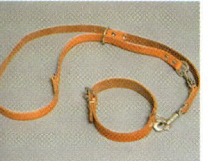

Halsband und Leine – unerläßlich bei der Hundeerziehung. Eine »stumme« Hundepfeife – auch sehr nützlich.

Seine Verknüpfung ist »Baby gleich Streicheln«. Kümmern Sie sich dagegen nur dann ausgiebig um den Hund, wenn das Baby schläft oder vielleicht gerade bei der Oma ist, verbindet er »Kein Baby gleich Streicheln – Baby gleich Störfaktor«.

Um mit dem Hund in Eintracht leben zu können, ist es wichtig, zu wissen, wie er in einem Rudel mit anderen Hunden leben würde. Dort herrscht eine feste Rangfolge. Es gibt einen Anführer, der sehr viel Autorität, aber auch sehr viel Ruhe ausstrahlt und sich so der Anerkennung durch die anderen Tiere im Rudel sicher sein kann. Diese Chefrolle übernehmen Sie. Machen Sie Ihrem Hund klar, daß Sie in allen Lebenslagen die dominante Position in der Beziehung innehaben. Diese eindeutige Rangfolge ist Basis für die Erziehung: Sie bestimmen, wo es langgeht! Ein Hund würde seinen Job als Rudelführer gut machen – also müssen auch Sie sich als Alpha-Tier Mühe geben.

▶ Dominanzprobleme

Möglicherweise ist Ihr Hund, von Ihnen unerkannt, dominant: Er reagiert oft erst nach mehrfacher Wiederholung auf Ihren Befehl. Bevor er auf Ruf zu Ihnen kommt, hebt er kurz das Bein an einem Strauch und bleibt zwischendurch an einer überaus interessant duftenden Stelle des Weges stehen. Gleichzeitig sind Sie nur allzu gern bereit, ihn sofort zu streicheln, wenn er danach verlangt. Gleiches gilt für ein Spielchen oder einen Spaziergang. Er bestimmt, wo er im Haus liegt, springt zu Ihnen auf das Sofa oder wählt diesen Platz hoch oben wegen des schönen Überblicks ohnehin. Sein Körbchen macht ihm dagegen niemand streitig. Er be-

kommt der Einfachheit halber als erster seinen Napf mit dem Abendbrot vorgesetzt, bevor Sie selbst essen. Sie geben sich anschließend mit den »Resten« ab, die er übriggelassen hat. Lassen Sie irgendwo etwas zu essen liegen, so können Sie sicher sein, daß sich Ihr Cairn Terrier dessen bemächtigt. Sie selbst vertreibt er aber äußerst energisch von seinem Napf und läßt sich Gestohlenes nur schwer wieder abnehmen.

Die Liste dieser Verhaltensweisen, mit denen ein Hund eindeutig seine Dominanz demonstriert, könnte fast beliebig verlängert werden. Mit einer Reihe sanfter Dominanzübungen können Sie Ihrem Hund jedoch bald deutlich machen, daß Sie der Boß im Haus sind.

UNTERORDNUNGSÜBUNGEN ▶

Üben Sie sanft für etwa 10 Sekunden mit Ihren über dem vorderen Teil des Hunderückens und des Nackens liegenden Händen Druck auf den Hundekörper aus. Sie werden merken, daß Ihr Hund unter dieser Berührung kleiner wird. Er fühlt sich nicht besonders wohl und spürt auf diese Art und Weise, daß Sie der Stärkere sind.

▶ Eine ähnliche Übung ist das Hochheben. Ihr Hund verliert dabei im wahrsten Sinne des Wortes den Boden unter den Füßen und bekommt so das Gefühl vermittelt, daß Sie über ihn bestimmen.

▶ Ihr Hund stupst Sie an, um Sie zu einem Spielchen zu animieren. Schikken Sie ihn ruhig, aber bestimmt weg. Erst nach einer Weile rufen Sie den Hund heran und beginnen von sich aus ein Spiel, denn Sie sind der Chef und nur der bestimmt.

▶ Toben Sie ausgelassen mit Ihrem Hund. Achten Sie aber darauf, daß Ihr Terrier während des Spiels nicht zu übermütig wird und evtl. die Führung an sich reißt. Lassen Sie sich Gegenstände, mit denen Sie spielen, vom Hund immer wieder herausgeben. Am Ende eines jeden Spiels sind Sie derjenige, der den »umkämpften« Gegenstand besitzt. Umgreifen Sie im Spiel hin und wieder die Schnauze Ihres Hundes. In Anlehnung an das wölfische sog. »Überbeißen« zeigen Sie so Ihre Dominanz.

▶ Ihr Hund drückt sich an Sie, um zu schmusen und Körperkontakt zu suchen. Schieben Sie ihn mit dem Körper maßvoll von sich. Mit einer solchen »Breitseite« untermauern Sie Ihre Stärke, Ihre Position als Chef. Später suchen Sie den Kontakt und beginnen das Schmusen von sich aus.

▶ Wohin auch immer Sie Ihren Hund mitnehmen, Sie betreten zuerst sowohl bekanntes als auch fremdes Gelände, denn auch im Wolfsrudel marschiert der Anführer immer vorneweg.

▶ Lassen Sie Ihren Hund erst auf Ihre Anweisung aus dem Auto aus- oder ins Auto einsteigen. Sie sind der Chef und bestimmen, wann er etwas zu tun hat.

▶ Hin und wieder, wenn Ihr Hund steht, sitzt oder liegt, stellen Sie sich über ihn. Sie demonstrieren ihm so Ihre Überlegenheit.

▶ Ihre Dominanz können Sie auch bei den täglichen Mahlzeiten zeigen, indem Sie stets vor Ihrem Hund essen. Der Chef kriegt immer zuerst! Nehmen Sie sich die Freiheit hin und wieder im Napf des Hundes herumzurühren, während dieser frißt. Ihr Hund lernt so, zu begreifen, daß es für Sie keine Tabus gibt.

▶ Achten Sie peinlich genau darauf, daß Ihr Hund seine Befehle korrekt ausführt. Ein Leckerli sollte er erst erhalten, nachdem er ein ihm bekanntes Kommando ordnungsgemäß ausgeführt hat.

▶ Fassen Sie Ihren Cairn Terrier von klein auf überall an, auch wenn er anfangs an bestimmten Stellen knurrt. Dies ist für seine Pflege und in Verletzungsfällen wichtig.

▶ Unterwürfiges Verhalten wie Händelecken, Ohrenanlegen, sich auf den Rücken legen sowie sofortiges Gehorchen des Hundes belohnen Sie mit möglichst hoher Stimme in sehr freundlichem Ton und einem Klopfen der Schulter oder einem Streichen über den Kopf.

Ein Cairn Terrier läßt sich sehr gut erziehen, man muß nur früh genug damit anfangen. Er ist aber so intelligent und dickköpfig, daß er mehrfach versuchen wird, Ihre Anweisungen zu umgehen.

Wenn geklärt ist, wer der »Boß« ist, kann ein gut erzogener Cairn Terrier viele Freiheiten genießen.

Freizeitpartner Cairn Terrier

Freizeitpartner Cairn Terrier

Der Cairn Terrier ist ein munterer und lebhafter Begleiter. Langeweile ist nichts für ihn, und Angst kennt er nicht. Sie können ihn überall mitnehmen – er will überall dabeisein. Damit Spaziergänge für ihn immer wieder zu Höhepunkten des Tages werden und er danach ausgefüllt und zufrieden ist, folgen ein paar Anregungen für draußen. Beim Hundesport können Sie Ihren vierbeinigen Freund weiter fördern und fordern, und damit die schönste Zeit des Jahres, Ihr Urlaub, auch für den Cairn erholsam ist, seien auch hierzu einige grundlegende Dinge gesagt.

▶ Spielen

Spielen fördert die Bindung zwischen Ihnen und Ihrem Hund. Spaß und

Bewegung beim Spiel kommen nicht nur der Gesundheit Ihres Cairn Terriers, sondern auch der Ihren zugute. Gerade Ihr junger Cairn sammelt durch das Spielen Erfahrungen fürs Leben: Er lernt im Spiel mit anderen Hunden, sich durchzusetzen, erfährt aber auch, daß andere Hunde seine »Frechheiten« nicht immer so geduldig hinnehmen, wie er es noch von der Mutterhündin gewohnt ist. Durch das Spiel festigen Sie ganz nebenbei Ihre Position als Rudelführer, da Sie Anfang und Ende sowie Art des Spiels bestimmen.

Neben diesen sozialen Erfahrungen hat das Spielen auch zur Folge, daß sich die Muskulatur und der Stützapparat des Hundes kräftigen. Der Hund lernt im Spiel seine Motorik kennen und beherrschen und weiß sie schon bald kontrolliert einzusetzen. Nach einem zwar spielerisch gemeinten, aber doch etwas kräftig ausgefallenen Biß in Ihre Finger können Sie ihm vielleicht mit dem Ruf »Au!« und dem sofortigen Spielende signalisieren, daß er zu weit gegangen ist.

SPIELERISCHES LERNEN ▶ Im Spiel können Sie Kommandos, die Ihr Cairn Terrier schon beherrscht, festigen oder

Im Spiel baut sich eine wunderbare Beziehung zwischen Hund und Mensch auf.

neue Befehle einüben. So muß der Hund beispielsweise immer erst das Kommando »Sitz« befolgen, bevor Sie den ersehnten Ballwurf ausführen. Auf das Kommando »Aus« muß Ihr Cairn den Strick, um den er eben noch mit Ihnen gekämpft hat, herausgeben. Neue Kommandos wie z. B. »Hopp« oder »Bring« erweitern den Horizont Ihres Terriers und tragen dazu bei, daß er seinen Verstand einsetzen kann. So bleibt er auch geistig fit.

Durch Ihre Spiele machen Sie sich für Ihren Cairn Terrier interessant. Das kann auf Spaziergängen den positiven Effekt haben, daß Ihr Hund lieber in Ihrer Nähe bleibt, um ja keine spannende Aktion zu verpassen, anstatt z. B. einer Wildfährte zu folgen. Bei Ihnen ist etwas los! Wenn Sie sich z.B. hinter einem großen Strohballen verstecken und sich, wenn Ihr Terrier Sie gefunden hat, noch gegenseitig um die Strohrollen jagen, ist das das Hundeglück auf Erden. Stellen Sie ihm kleine Aufgaben: So kann er z.B. lernen, über einen querliegenden Baumstamm zu springen oder darauf zu balancieren (Vorsicht bei Nässe: Rutsch- und Verletzungsgefahr).

SPIELREGELN ▶ Damit das Spiel eine freudvolle Angelegenheit bleibt, sind einige Dinge zu beachten:
▶ Das Spielzeug muß für Hunde geeignet sein. Bei zu kleinen Gerätschaften besteht die Gefahr des Verschluckens (Knopfaugen bei Stofftieren werden z.B. abgekaut). Scharfe Plastikkanten können Schnittwunden verursachen. Kastanien, Nüsse, Steinchen usw. können beim Werfen verschluckt werden und zum Ersticken führen. Zu harte Gegenstände können Zahn- und Zahnfleischverletzungen zur Folge haben.
▶ Latexteile zerkauter Gummitiere oder Stücke zerbissener Tennisbälle, die verschluckt wurden, können zu ernsthaften Darmverletzungen führen, da sie sich im Darm verhärten. Die fluoreszierende Garnumhüllung der Tennisbälle ist ebenfalls schädlich, außerdem können darin verfangene kleine Sandkörnchen beim Bekauen zu Zahnschäden führen.
▶ Nicht immer muß Hundespielzeug für viel Geld gekauft werden. Stopfen Sie beispielsweise in eine alte Socke einen Tennisball, oder machen Sie in ein aussortiertes Geschirrtuch einen Knoten, und Sie haben ein wunderbares hundegerechtes Spielzeug.
▶ Über sein Spielzeug sollte Ihr Cairn nicht ohne Aufsicht verfügen können. Dinge, die es nur zu bestimmten Zeiten gibt, behalten einen ganz besonderen Reiz.
▶ Sie als Rudelführer bestimmen Beginn, Dauer und Ende des Spiels und auch, was gespielt wird.

▶ **Wandern, Reiten, Radfahren**
Auf längeren Touren zu Fuß, auf dem Rad oder hoch zu Roß ist Ihr Cairn

Agility ist für Cairns wie geschaffen. Mit Power und Freude bewältigen sie jedes Hindernis.

TIP

*Wilde Zerrspiele, bei denen sich
der Hund z.B. in einen Strick
verbeißt und von Ihnen in die
Höhe gezogen werden kann, sollten Sie bis zur Vollendung des
ersten Lebensjahres unbedingt
vermeiden, da dieses im noch weichen Kiefer des Cairn Terriers zu
Fehlstellungen der Zähne führen
kann.*

gern dabei. Wichtig ist nur, daß Sie Ge-
schwindigkeit und Entfernung seinen
kurzen Beinen anpassen – oder ihm eine »Transportgelegenheit« bieten, so
daß er sich zwischendurch ausruhen
kann. Bedenken Sie auch, daß bei Welpen und jungen Cairn Terriern Bänder,
Gelenke und Muskulatur noch nicht
gefestigt sind und so leichter Verletzungen entstehen können. Durch Überbe-
anspruchung können Gelenkschäden
oder auch Herzprobleme entstehen.

**Ein Cairn lernt
schnell, an
loser Leine am
Rad oder Pferd
mitzulaufen.
Überfordern
Sie ihn aber
nicht.**

Soll Ihr Cairn Terrier Sie am Rad
oder Pferd begleiten, machen Sie ihn
zunächst mit diesen neuen Dingen vertraut und üben Sie zunächst in ruhiger
Umgebung mit ihm. Sinnvollerweise
und aus Sicherheitsgründen führen Sie
Ihren Hund beim Radfahren und Reiten immer an der rechten Seite. Gewöhnen Sie ihm dies schon zu Anfang
an.

ANGEMESSENE BELASTUNG ▶ Steigern Sie allmählich die täglichen Spaziergänge und nehmen Sie IhrenWel-
pen oder Junghund zwischendurch
auf den Arm, wenn die Strecke zu
lang ist. So werden seine Muskeln
langsam aufgebaut. Ab zwölf Monaten
ist der Cairn Terrier fit wie ein Turn-
schuh und voll belastbar. Bis zu diesem Alter denken Sie aber bitte immer
daran, daß Sie zunächst noch ein
Hundebaby und später einen Junghund im Hause haben.

Der Cairn Terrier hat eine besondere
Eigenart: Er gibt nicht auf. Schon im
Welpenalter wird er immer bestrebt
sein, mit Ihnen Schritt zu halten, selbst
wenn Sie zwei Stunden mit ihm spazierengehen. Ein Kind würde dabei aufge-
ben, ein kleiner Cairn Terrier tut dies
nicht. Aus diesem Grund ist die Gefahr,
ihn im Alter von unter zwölf Monaten
zu überfordern, besonders groß.

Beim älteren Cairn (etwa ab dem
neunten Lebensjahr) ist zu beachten,
daß Herz und Kreislauf nicht mehr so
belastbar sind. Nicht allzu ausgedehnte
Touren und bedächtigere Spiele sind
jetzt die richtige Wahl, um Überanstrengungen zu vermeiden. Bei heißer
oder schwüler Witterung gilt dies natürlich für alle Hunde.

Außerdem müssen Sie dafür sor-

So kann ein Agility-Parcours mit seinen verschiedenen Hindernissen aussehen.

gen, daß Ihr Hund unterwegs ausreichend frisches Wasser zu trinken bekommt. Nehmen Sie doch einfach eine Trinkflasche extra mit.

▶ Hundesport

Hat Sie die »alltägliche Spielerei« auf den Geschmack gebracht? Ihr Cairn Terrier kann noch mehr, wenn Sie ihm nur die Gelegenheit dazu bieten. Besuchen Sie doch einmal einen Hundeplatz in Ihrer Nähe, und Sie werden überrascht sein, was für professionelle Sportarten Sie mit Ihrem Cairn Terrier ausüben können.

GRUNDAUSBILDUNG ▶ Zwingende Voraussetzung für einen erfolgreichen Einstieg in den Hundesport ist, daß der Cairn zuvor in die »Geheimnisse« des Grundgehorsams eingeweiht wurde. Es empfiehlt sich bei ernsthaftem Interesse an einer »Sportlerkarriere«, zuvor einen Erziehungsgrundkurs auf dem Hundeplatz zu absolvieren. Der Cairn kann sich so bereits an die Arbeit in einer Gruppe von Hunden unter einem Trainer gewöhnen. Sie werden erstaunt sein, wie motivierend die Erziehungsarbeit in der Gruppe auf einem gut geführten Hundeplatz ist.

Möglicherweise führen Sie Ihren Cairn Terrier ja bald zur Begleithundeprüfung. Auf dem Weg dorthin lernt er neben dem üblichen »Sitz«, »Platz« usw. das freie Bei-Fuß-Gehen, das Liegenbleiben, auch wenn Sie sich von ihm entfernen oder fremde Personen an ihm vorbeigehen (Ablegen), und ein wenig Verkehrserziehung.

AGILITY ▶ Beim Agility laufen Terrier und Besitzer gemeinsam über einen Parcours, wobei es dem Hund vorbehalten bleibt, die aufgestellten Hindernisse zu meistern. Der Mensch darf an den Hindernissen vorbeilaufen. Der Cairn jedoch muß verschiedene Sprünge, z. B. durch einen Reifen, absolvieren, über einen Balken in mindestens 120 cm Höhe balancieren, einen Stofftunnel von einer Länge zwischen drei und sechs Metern durchqueren, über eine Wippe gehen, eine Schrägwand von 170 cm Höhe überwinden und Slalom durch eine Stangenreihe laufen. Die genannten Hindernisse sind in immer wieder unterschiedlicher Reihenfolge vom Hund zu meistern, so daß dieser genau auf seinen menschlichen Partner achten muß, der neben ihm laufend per Hand- und Rufzeichen die Marschroute über den Parcours angibt. Im Wettkampf kommt es dann zum einen auf das Tempo des Teams beim Lauf und zum anderen auf die möglichst exakte Bewältigung der Hindernisse an. So darf z. B. die Wippe vom Hund erst verlassen werden, wenn er einen bestimmten Bereich berührt hat.

Agility macht es erforderlich, daß der Cairn Terrier sehr gut gehorcht und problemlos ohne Leine bei Fuß gehen kann. Natürlich muß auch ein sehr enges Vertrauensverhältnis zwischen Hund und Mensch bestehen, um diesen Sport, der von Ihrem Cairn auch eine ganze Menge Mut, z. B. beim Überqueren der Wippe, erfordert, ausüben zu können.

FLYBALL ▶ Etwas weniger außer Atem kommt zumindest Herrchen oder Frauchen beim Flyball. Hier treten zwei Mannschaften mit je vier Hunden gleichzeitig gegeneinander an. Nach dem Start muß jeder Hund

zunächst vier Sprünge absolvieren, deren Höhe sich nach dem kleinsten Hund in der Mannschaft richtet. Dann kommt er an eine Box mit Pedal, die auf Pfotendruck einen Ball herausschleudert. Den Ball muß der Hund fangen und über die Hürden zurück zu seinem am Start wartenden Menschen tragen. Dann ist der nächste Hund aus der Mannschaft an der Reihe. Sieger ist das Team, deren Hunde den Lauf als erste beendet haben.

FÄHRTENARBEIT ▶ Bei Interesse haben Sie im Hundeverein sicher auch

Ob nur zum Einkaufen oder auf langer Urlaubsfahrt, in einer Flugbox wie hier ist der Cairn im Auto immer sicher aufgehoben.

die Möglichkeit zur Fährtenarbeit mit Ihrem Hund. Die erlernten Fähigkeiten im Suchen kann Ihr Cairn Terrier im sportlichen Wettstreit auf Turnieren mit anderen Hunden messen. Es hat schon manchen Cairn Terrier gegeben, der zuerst belächelt wurde und dann jahrelang die großen Hunde geschlagen hat, weil ihm die Fährtensuche so viel Spaß bereitet hat.

▶ Reisen im Auto

Trainieren Sie das Autofahren schon mit dem Welpen, indem Sie ihn anfangs nur in das Auto setzen, ihn streicheln und mit einem Leckerli verwöhnen. Nach vielleicht einer Woche sollten Sie ihn zu allen möglichen Gelegenheiten im Auto mitnehmen. Er soll entweder in einer Flugkiste oder einem Transportkäfig oder auf einem festen Platz im Fußbereich sitzen. Dabei wird viel mit ihm geredet, er darf etwas beknabbern, und wenn eine zweite Person mitfährt, wird er ab und zu gestreichelt.

Der Cairn Terrier sollte seine ersten Fahrten nicht mit vollem Magen antreten. Falls ihm dann übel wird, verbindet er die unangenehme Erfahrung mit dem Autofahren. Sollte Ihr kleiner Vierbeiner trotzdem auf der Fahrt unruhig werden und zu speicheln beginnen, machen Sie eine Pause, gehen Sie mit ihm spazieren und trainieren Sie danach weiter – in kürzeren Einheiten. Ein so behutsam ans Autofahren gewöhnter Hund braucht dann auch keine Medikamente gegen Reisekrankheit.

Sicher würde es Ihrem Cairn Terrier mehr Spaß machen, auf der Hutablage zu sitzen, hinauszuschauen und womöglich noch Hunde und Menschen anzubellen. Doch bei einem starken Bremsvorgang wird er nach vorn geschleudert, kann sich verletzen und könnte außerdem auch Sie noch gefährden. Für ausgewachsene Hunde gibt es Sicherheitsgurte, die sehr sinnvoll sind.

Wenn sich Ihr Cairn Terrier an das Autofahren gewöhnt hat, bezieht er den Wagen in den Familienbesitz mit ein. Er erkennt ihn am Geräusch und manchmal auch an Typ und Farbe. Einige Cairn Terrier sind richtige Autonarren, und keine offene Autotür ist vor ihnen sicher. Darum muß Ihr Hund lernen, nur auf ein bestimmtes Kommando ins Auto zu springen. Das gleiche gilt für das Aussteigen: Ihr Cairn Terrier muß lernen, auch bei geöffneter Autotür so lange im Auto sitzenzubleiben, bis Sie ihm mit Kommando erlauben, auszusteigen oder ihn herausheben. Trainieren Sie dies mit Leine, dann haben Sie Ihren Vierbeiner auch an befahrenen Straßen sicher unter Kontrolle.

Muß er einmal im Auto auf Sie warten, ist es extrem wichtig, daß für genügend frische Luft gesorgt ist. Es gibt spezielle Sicherheitsgitter für die Fenster, damit genug Luft zirkulieren kann, Sie sind allerdings nicht einbruchsicher. Achten Sie außerdem darauf, im Schatten zu parken, und lassen Sie Ihren Hund keinesfalls in der prallen Sonne im Auto auf Sie warten. Er könnte einen Hitzschlag erleiden.

Auf langen Strecken ist es selbstverständlich, daß Sie regelmäßig eine Pause einlegen. Gehen Sie mit Ihrem Cairn ein Stückchen spazieren, damit er sich lösen kann. Spielen Sie etwas mit ihm, danach läßt es sich wieder leichter »stillsitzen«. Und natürlich bekommt er bei jeder Pause Wasser zu trinken.

Gespannt wartet der Cairn darauf, daß das Werfen-Fangen-Bringen mit dem »Igel« weitergeht.

TIP

Informationen über Bedingungen bei Auslandsreisen mit dem Cairn Terrier erhalten Sie beim Veterinäramt Ihres Landkreises oder über Autoklubs.

▶ Bahn oder Flugzeug

BAHN ▶ Ein Cairn Terrier gehört auf Grund seiner Größe zu den Hunden, die keinen eigenen Fahrschein benötigen. Allerdings müssen Sie eine Tasche, einen Korb oder eine Box für ihn dabeihaben. Anspruch auf einen Sitzplatz hat kein Hund. Gehen Sie schon vor einer Reise ein- oder zweimal mit Ihrem Hund zum Bahnhof, damit er sich an die Geräusche und die Menschen gewöhnt. Sie können auch in der Straßenbahn eine »Probefahrt« absolvieren. Dieses Training wird Ihnen den Reisetag erleichtern.

FLUGZEUG ▶ Nicht alle Fluggesellschaften erlauben die Mitnahme eines Hundes im Passagierraum. Erkundigen Sie sich rechtzeitig. Prinzipiell ist es aber für einen Cairn Terrier recht unproblematisch, in einer Hundetransporttasche eine Flugreise anzutreten. Auf Überseeflügen erlauben die Stewardessen, daß er zwischen den Mahlzeiten auf den Schoß darf. Er muß immer rechtzeitig als Fluggast angemeldet werden, da nur eine beschränkte Anzahl von Tieren im Passagierraum mitgenommen werden darf. Ist es unumgänglich, daß Ihr Cairn Terrier in einer Transportbox im klimatisierten Frachtraum mitfliegen muß, sollte er nüchtern sein und vorher ausgiebig spazierengehen.

▶ Skilift, Gondel, Rolltreppe

Diese Dinge sind für einen Cairn Terrier kein Hindernis. Nehmen Sie ihn auf den Arm, und halten Sie ihn am Halsband fest, damit er Ihnen nicht wegrutscht, und schon kann er auch diese Hürde mit Ihnen überstehen.

▶ Urlaub mit dem Cairn Terrier

Ein Cairn Terrier ist ein Hund für alle Fälle. Ob Sie in die Berge oder an die See reisen, ob Sonne oder Schnee, alles ist ihm recht. Und es sind meist nur kleine Dinge, die Sie gegenüber dem Alltag beachten müssen. Bei starker Pfotenbelastung auf langen Wande-

---

▶ Reisegepäck für einen Cairn Terrier

Papiere
Impfpaß, evtl. Gesundheitszeugnis, Versicherungsnummer der Haftpflichtversicherung, Ticket/Flugschein

Ausstattung
Halsband mit Adreßanhänger für Urlaubs- und Heimatadresse, Leine, Hundekorb und -decke, Hundehandtuch, Spielzeug

Verpflegung
Wasserflasche – für die Reise mit frischem Wasser gefüllt, Futter- und Wassernapf, Futter, Leckerli, Kauartikel, Dosenöffner, Löffel

Pflege und Gesundheit
Kamm und Bürste, Floh-/Zeckenhalsband, Zeckenzange, kleine Notfallapotheke (vgl. Seite 65), wenn nötig Medikamente

rungen braucht er vielleicht eine Pfotencreme aus Hirschtalg oder Melkfett, damit die Ballen geschützt sind. Auch Salzwasser bereitet ihm keine Probleme, die meisten Cairn Terrier lieben Schwimmen. Sie sollten nur anschließend abgeduscht werden, um das Salz aus dem Fell zu waschen.

Kümmern Sie sich rechtzeitig darum, ob Ihr Hund am Urlaubsort willkommen ist. Erkundigen Sie sich nach den Einreisebestimmungen für das Ausland. Und dann müssen Sie nur noch den »Hundekoffer« packen – die schönste Zeit des Jahres kann beginnen.

HOTEL ▶ Urlaub im Hotel oder in Pensionen ist meistens kein Problem. Viele Hotels haben sich schon auf die vierbeinigen Gäste eingestellt, der Preisaufschlag ist unterschiedlich, ein Extraservice ist in diesem Preisaufschlag aber nicht enthalten. Beim Automobilclub, im Zeitschriften- oder Buchhandel gibt es Bücher mit Adressen von hundefreundlichen Urlaubsregionen. Wenn Sie einige einfache Regeln beachten, wird der Urlaub im Hotel für Sie, Ihren Hund und auch die anderen Gäste ein erholsames Erlebnis:

▶ Stellen Sie seinen Futternapf auf eine Zeitung im Bad.

▶ Lassen Sie ihn nicht auf die Betten springen.

▶ Legen Sie eine eigene Decke auf einen Sessel, falls er nur dort ruhig schläft, wenn Sie im Hotelzimmer anwesend sind.

▶ Klären Sie rechtzeitig ab, ob Ihr Cairn Terrier in den Speisesaal mitgenommen werden darf.

▶ Lassen Sie Ihren Cairn Terrier nicht stundenlang im Hotelzimmer warten.

Auch Cairn Terrier genießen den Duft der großen weiten Welt.

Hat er z.B. gelernt, schon zu Hause regelmäßig in seiner Flugbox oder seinem Transportkäfig bei geöffneter und geschlossener Tür zu schlafen, wird er stundenweise darin ausharren, ohne zu bellen, falls Sie ihn mal nicht mitnehmen können. Schließlich ruht er auf seinem gewohnten Schlafplatz und kann sich sicher und »wie zu Hause« fühlen. Eine solche Maßnahme sollte aber nur die Ausnahme sein. Während Ihrer Abwesenheit sind Sie sicher, daß Ihr Cairn Terrier nicht auf das Bett springt. Der Hotelbesitzer weiß, daß er mit Ihrem Hund, der in seiner Reisebox schläft, mit folgenden Gästen mit

Ab und zu ein Spielchen im Stroh – Cairn Terrier sind mit Begeisterung überall dabei.

Wichtige Infos für den Hundesitter

☐ Wie oft und wie lange gehen Sie gewöhnlich mit Ihrem Hund spazieren?

☐ Welches Futter bekommt er, wann und wieviel?

☐ Wie oft wird Ihr Cairn gekämmt und gebürstet?

☐ Welche Vorlieben und Eigenheiten, die man kennen sollte, hat Ihr Hund?

☐ Muß er regelmäßig Medikamente bekommen? Gibt es Tricks zur Eingabe?

☐ Geben Sie dem Hundesitter Ihre Urlaubsadresse sowie Adresse und Telefonnummer des Tierarztes.

☐ Damit Ihr Hund kein Heimweh bekommt, gehören seine Schlafdecke, sein Lieblingsspielzeug und vielleicht ein getragenes Kleidungsstück von Ihnen mit in sein Gepäck.

eventueller Hundeallergie keine Probleme bekommt.

TRENNUNG AUF ZEIT ▶ Planen Sie für Ihren Urlaub viele Museumsbesuche, lange Skiwanderungen oder weite Flugreisen, geht es Ihrem Cairn Terrier bei Verwandten, Nachbarn oder Freunden als Hundesitter wesentlich besser. Klären Sie rechtzeitig – am besten schon bevor Sie sich überhaupt einen Hund anschaffen – ab, wo er »seinen« Urlaub verbringen kann. Der Hundesitter sollte Ihren Cairn vorher schon gut kennen und von Ihnen für

die Zeit Ihres Urlaubs bestens instruiert werden. Falls Sie privat keinen Hundesitter kennen, können Sie Ihren Vierbeiner auch in einer vorher in Ruhe ausgesuchten oder empfohlenen Hundepension unterbringen. Doch dies werden Ausnahmen sein. Wer fährt schon gern ohne seinen Cairn Terrier in den Urlaub?

Cairn Terrier züchten

Cairn Terrier züchten

▸ Anforderungen

Verantwortlich züchten heißt, eine Rasse kontinuierlich zu verbessern, damit die Qualität der nächsten Generationen besser wird, sich aber zumindest erhält. Mit Qualität sind hier unter anderem Gangwerk, Gebäude, Schönheit, Haarqualität, Gesundheit, aber auch Charakter gemeint. Das Zuchtziel ist, den Idealen des Rassestandards sehr nahezukommen. Cairn Terrier züchten zu wollen, erfordert deshalb auch noch weit mehr Überlegungen, als sich einen Cairn Terrier zu kaufen.

Es muß Ihnen klar sein, daß es nicht darum geht, aus emotionalen Motiven süße kleine Cairn Terrier zu erzeugen. Auch nicht, um die Rasse zu verbreiten, weil Sie vielleicht nicht verstehen können, warum der Cairn nicht häufiger vertreten ist.

Manchmal wird Ihnen immer noch erzählt, daß es für die Gesundheit der Hündin besser sei, wenigstens einen Wurf in ihrem Leben zu haben. Das hat sich inzwischen als falsch herausgestellt. Jeder Wurf ist für eine Hündin eine große körperliche und seelische Belastung, die auch Veränderungen bei ihr zur Folge haben kann. Wer nicht ernsthaft züchten will, sollte seine Hündin diesen Strapazen nicht aussetzen – und sich selbst ebenfalls nicht.

▸ Züchten heißt

☐ Verantwortung für eine Rasse zu übernehmen.

☐ sich mit Vererbungslehre, Rassestandard, Verhaltensforschung und tiermedizinischen Aspekten der Hundezucht auseinanderzusetzen.

☐ die Zuchtbestimmungen des Rassehundezuchtvereins (KfT) zu beachten.

☐ Platz, Zeit und vielleicht Geld zu opfern.

☐ Verantwortung für die Welpen zu übernehmen, auch über das Verkaufsdatum hinaus.

☐ **nicht,** einfach eine Hündin von einem Rüden belegen zu lassen, um niedliche Welpen zu erhalten.

WISSEN ANEIGNEN ▸ Es gehört zur Verantwortung jedes Züchters, sich umfangreiche Kenntnisse über die Hundezucht anzueignen. Dazu zählt z. B. das aufmerksame Lesen von Fachliteratur. Trotzdem ist es nicht immer einfach, die gelesene Theorie in die Praxis umzusetzen. In den Orts- und Landesgruppen des KfT werden Schulungen für Züchter angeboten. Ein guter Züchter oder Neuzüchter wird sich im Interesse seiner Tiere immer weiterbilden.

ERFAHRUNGEN NUTZEN ▶ Wenn Sie sich bemühen und viel Zeit opfern, um sich ein umfangreiches Wissen über die Hundezucht anzueignen, werden Sie auch Züchter finden, die Ihnen sachkundig helfen, dieses Wissen in die Tat umzusetzen. Einige Züchter erlauben einem Neuling, bei einer Geburt dabeizusein, damit er den Ablauf der einzelnen Phasen kennenlernen kann. Sie sind auch bereit, bei der ersten Geburt Ihrer Hündin zu helfen, wenn es Zeit und Entfernung erlauben.

PLATZ ▶ Wenn Sie bereit sind, Verantwortung zu übernehmen, so benötigen Sie darüber hinaus ausreichend Platz, Zeit und Geld. Hündin und Welpen brauchen in den ersten drei bis vier Wochen einen ruhigen, hellen und warmen Raum, der gut erreichbar sein muß, falls Zwischenfälle eintreten. Gleichzeitig sollte dort nicht zuviel »Publikumsverkehr« herrschen, Kinder dürfen nicht unbeaufsichtigt mit den Welpen spielen. Nach der vierten Woche ist ein Welpenauslauf im Haus und ab der sechsten Woche auch im Garten erforderlich. Die Welpen müssen außerdem die Gelegenheit haben, ihr häusliches Umfeld zu erkunden und die Geräusche des Haushaltes (Waschmaschine, Staubsauger usw.) kennenzulernen. Falls die Welpen länger als zehn bis zwölf Wochen bei Ihnen bleiben, reicht auch ein Welpenauslauf in Haus und Garten nicht mehr, dann sind kurze Spaziergänge angesagt.

ZEIT ▶ Falls Probleme bei der Geburt oder in der Aufzuchtphase auftreten, so werden Sie an einem 18-Stunden-Tag nicht vorbeikommen. Doch auch nach einer problemlosen Geburt müssen Hündin und Welpen mindestens für eine Woche regelmäßig kontrolliert werden. Fieber der Hündin, Gewichtsabnahme der Welpen, Infektionen usw. müssen rechtzeitig erkannt und behandelt werden. Das kostet neben Zeit oft auch Geld.

GELD ▶ Wer der Ansicht war, daß mit der Hundezucht Geld zu verdienen ist, hat seine Meinung nach dem ersten oder zweiten eigenen Wurf schnell geändert. Ich vergleiche es

Ein schöner Cairn – schaut, als könne er kein Wässerchen trüben, und hat es doch faustdick hinter den Ohren.

eher mit einer Spardose: Zuerst stecken Sie Ihr eigenes Geld hinein, später können Sie dieses Geld wieder herausnehmen. Das sieht nach dem Verkauf der Welpen zwar erst einmal nach viel aus, wurde aber von Ihnen vorher selbst investiert und hart erarbeitet. Wie jedes andere Hobby kostet also auch das Hobby Hundezucht Geld.

Zu den anfallenden Kosten gehören alle Aufwendungen für eine Zuchthündin, die Deckgebühr, Reisekosten zum Rüden, Tierarztkosten, Zusatzernährung für Hündin und Welpen. Dazu kommt die Einrichtung des Welpenzimmers mit Wurfkiste, Welpenauslauf drinnen und draußen, Waschmittel, Zeitungsanzeigen, Klub- und Wurfgebühren, Fotos usw., nicht zu vergessen anschließend die Aufwendungen für Schäden, die so ein Wurf Welpen mitunter hinterläßt, wenn man nicht ständig auf ihn aufpaßt.

> ### Linien- und Fremdzucht

Linienzucht nennt man die Verpaarung von Tieren mit gleichen Ahnen.

Fremdzucht nennt man die Verpaarung von Tieren, die keine gemeinsamen Vorfahren haben.

PERSÖNLICHE EINSTELLUNG ▶ Sind Sie in der Lage, Ihrer Hündin in die Augen zu sehen, wenn sie beim Werfen jault oder schreit? Können Sie die süßen Welpen aus dem Haus geben, nachdem Sie diese viele Wochen mit Liebe betreut haben? Sind alle Familienmitglieder bereit und in der Lage,

nicht nur süße Welpen zu knuddeln, sondern auch zu helfen, wenn es Probleme gibt? Es ist auch nie ausgeschlossen, daß ein oder mehrere Welpen sterben – ertragen Sie das? Mitunter muß man sich im Falle eines komplizierten Kaiserschnittes auch für das Leben der Mutterhündin oder der Welpen entscheiden. Überlegen Sie, was Sie sich selbst zumuten können.

> ### Formalitäten

ZUCHTBESTIMMUNGEN ▶ Die Zuchtbestimmungen im KfT liegen zum Wohl der Zuchttiere und der Welpen auf dem hohen Niveau der Zuchtbestimmungen des VDH. Nach § 11 des Tierschutzgesetzes müssen die Züchter einen Befähigungsnachweis erwerben, um züchten zu können.

Bevor Sie als Mitglied im Verein einen Zwingernamen anerkannt bekommen, wird ein Zuchtwart kontrollieren, ob Sie genug Platz, Zeit und auch Kenntnisse haben, um Verantwortung für eine Zucht übernehmen zu können. Vergessen Sie nicht: So wie Sie Ihren Welpen bei einem Züchter kaufen möchten, der sein Bestes gibt und Sie beraten und unterstützen kann, möchte auch Ihr Welpenkäufer von Ihnen einen Cairn Terrier erwerben, der unter besten Voraussetzungen aufgewachsen ist.

AHNENTAFEL UND ZUCHTLINIEN ▶ Im Klub für Terrier darf nur mit Cairn Terriern gezüchtet werden, die eine anerkannte Ahnentafel haben. Auf dieser Ahnentafel sind die vorausgehenden drei Generationen vermerkt. Bei der Auswahl des Deckrüden kann man feststellen, ob man eine Linienzucht oder eine Fremdzucht plant.

▶ Kein Papierkrieg

Wenn Sie den Eindruck haben, vor dem ersten Wurf Welpen sei ein ziemlicher Papierkrieg zu bewältigen – keine Sorge! Wenn Sie in einen Hundezuchtverein eintreten, bekommen Sie die Satzung und können jede Menge Infomaterial über die Zuchtzulassung anfordern. Außerdem beantworten andere Vereinsmitglieder gern Ihre Fragen und helfen Ihnen.

Bei der Auswahl der Zuchttiere sollten sich die Vorzüge der Elterntiere ergänzen.

Inzucht, das heißt eine Mutter/Sohn- oder Vater/Tochter-Verbindung, ist verboten. Halbgeschwister- oder Onkel/Nichte-Verpaarungen sind zwar erlaubt, sollten aber nur bei genauer Kenntnis der Familienlinien versucht werden. Bei Linienzucht können bestimmte Eigenschaften wie z. B. Vitalität oder Vermeidung von Erbkrankheiten gefördert werden, andererseits können sich dabei unerwünschte Faktoren festigen. Bei Inzuchtlinien verringert sich das Genpotential. Wildlebende Tierarten haben im Interesse der Genvielfalt nicht ohne Grund ihre eigenen Regeln zur Vermeidung von Inzucht.

ZUCHTZULASSUNG ▶ Vor dem Decken müssen sowohl die Hündin als auch der Rüde eine Zuchtzulassung bei einem anerkannten Richter erwerben.

Dies kann entsprechend den Zuchtrichtlinien auf einer Zuchtzulassungsprüfung oder auf einer Spezialzuchtschau des KfT geschehen. Hündinnen dürfen vom vollendeten fünfzehnten Lebensmonat bis zum vollendeten achten Lebensjahr belegt werden. Rüden dürfen vom vollendeten neunten Lebensmonat ohne Altersbegrenzung decken.

Ist ein Wurf größer als vier Welpen, so erhält die Cairn-Hündin eine Pause von zwölf Monaten. Hatte sie zwei Würfe hintereinander, muß ebenfalls eine Zuchtpause eingelegt werden. Diese Pausen sind wichtig, damit sich die Hündin regenerieren kann und um Mangelerscheinungen bei den nächsten Welpen vorzubeugen. Zuchtpausen werden kontrolliert und vom Zuchtbuchamt in die Ahnentafel der Hündin eingetragen.

DECKSCHEIN ▶ Normalerweise fährt man mit einer läufigen Hündin zum Deckrüden. Der Deckakt muß auf einem Deckschein eingetragen werden, den sowohl Hündinnen- als auch die Rüdenbesitzer unterschreiben müssen. Bei der Wurfabnahme wird ihn der Zuchtwart mit dem Wurfmeldeschein und einigen anderen Papieren nach Beurteilung und Tätowierung der Welpen zum Klub für Terrier schicken, damit die Ahnentafeln für die Welpen ausgestellt werden können.

WURFMELDESCHEIN ▶ Durch einen ausgefüllten Wurfmeldeschein mit den Daten der Eltern und Welpen beantragt der Züchter beim KfT die Zuchtbuch- und Tätowiernummern der Welpen. Der Zuchtwart muß dann bei der Wurfabnahme die Welpen genau auf ihre rassetypischen Eigenschaften und evtl. Mängel untersuchen und diese im Wurfabnahmeschein festhalten. Dieser Schein ist zur Erstellung der Ahnentafeln beim Klub für Terrier unumgänglich. Da eine Wurfabnahme erst nach Vollendung der achten Lebenswoche erfolgen kann, wird der Züchter Ihnen die Ahnentafeln erst später übergeben können.

▶ Zuchttiere

Wenn Sie speziell für die Zucht einen Welpen kaufen möchten, dürfen Sie diesen nie unter Zeitdruck aussuchen. Ein guter Züchter wird sich nur einen Welpen zur Zucht aufheben, wenn er aus einer passenden Elternverbindung kommt, und dafür den geeigneten Wurf abwarten. Selbst für ihn besteht keine Garantie, daß dieser Welpe sich so entwickelt, daß er als Zuchttier eingesetzt werden kann. Wollen Sie das Risiko eingehen, einen Hund schon als Welpen für die Zucht zu kaufen, müssen Sie bei der Übergabe im Alter von etwa zehn Wochen darauf achten, daß die wichtigen rassetypischen Merkmale schon ausgebildet sind. Nehmen Sie sich vor dem Kauf also genug Zeit, ihn genau zu beobachten.

RASSETYPISCHE MERKMALE ▶

▶ Munter, aktiv, fröhlich – der Welpe, läuft ungezwungen und neugierig herum und spielt mit seinen Geschwistern.

▶ Erwachsenen Hunden und seinen Züchtern gegenüber soll er ein aufgeschlossenes Verhalten zeigen.

▶ Seine Proportionen müssen bereits dem Standard entsprechen. Ein zu kurzer Rücken, stark gebogene Vorderläufe oder eine steile Hinterhand, dazu eine schlecht angesetzte Rute oder ein weiches Haarkleid, bei dem über dem Rücken noch kein hartes Haar fühlbar ist, werden sich nie bessern.

▶ Ansprechender Ausdruck des Kopfes mit gut ausgeprägtem Stop, nicht zu langem Fang und dunklen Augen, möglichst kleinen und gut angesetzten Ohren, die schon stehen sollten oder wenigstens die Tendenz zum Stehen zeigen.

▶ Ein Scherengebiß, welches nicht zu einem Zangengebiß neigen sollte, ist ebenfalls erwünscht. Im Ober- und Unterkiefer sollen sechs Schneidezähne in einem gleichmäßigen Bogen stehen. Die Zähne dürfen nicht eng stehen oder verschoben sein.

▶ Die Nase muß schwarz sein, die Ballen und Krallen sollen ebenfalls dunkel pigmentiert sein.

▶ Ein kräftiger Knochenbau ist erforderlich. Dazu gehören auch kräftige, runde Pfoten mit gut gepolsterten Ballen.

ZUCHTHÜNDIN ▶ Die Zuchthündin wie auch der Deckrüde müssen sehr sorgfältig ausgesucht werden. Sie bilden die genetische Basis für die neue Generation. Die Hündin soll aus einem Wurf mit fehlerfreien Geschwistern kommen, in dem die Mutter weder Geburts- noch Aufzuchtprobleme hatte. Bei einer solchen Hündin haben Sie schon eine gewisse Sicherheit, daß Sie ebenfalls keine Fruchtbarkeits-, Geburts- oder Aufzuchtprobleme erwarten. Eine erwachsene Zuchthündin zu bekommen, ist nicht so einfach, da fast alle Cairn Terrier-Züchter in Deutschland in kleinem Rahmen züchten und sich nur schwer von einer erwachsenen, zur Zucht geeigneten Hündin trennen. Vielleicht haben Sie das Glück, daß Ihr Züchter aus einem Wurf zwei Welpen aufgehoben hat und Ihnen eine Hündin nach dem erfolgten Umzahnen als Zuchthündin verkauft.

Lassen Sie sich Zeit mit der Auswahl einer Zuchthündin. Schauen Sie sich bei verschiedenen Züchtern und Ausstellungen um, damit Sie die Vielfalt der Rasse besser kennenlernen und Ihren »Typ« finden können.

DECKRÜDE ▶ In Deutschland ist die Cairn Terrier-Zucht in den letzten Jahren stark gewachsen. Dadurch ist auch die Zahl der Zuchtrüden gestiegen. Es gibt Rüden, die in Deutschland geboren sind, viele stammen aber auch aus Schweden, Finnland, Holland, Dänemark und dem Mutterland der Cairn Terrier, aus Großbritannien. Diese Rüden kann man auf Ausstellungen oder bei Züchtern kennenlernen. Erfahrene Deckrüdenbesitzer werden Ihnen für Ihre Zucht viele gute Ratschläge mit auf den Weg geben können. Da sie an der Nachzucht ihrer Rüden interessiert sind, stehen sie Ihnen auch später als beratende Partner zur Verfügung.

Informieren Sie sich vor der Auswahl eines Deckrüden über seine Familienlinie, ältere Verwandte und schon vorhandene Kinder. Auch wenn es nicht stimmt, daß der Deckrüde für alle positiven und negativen Merkmale, Eigenschaften und gesundheitliche Vererbung verantwortlich ist, so spielt er doch in Verbindung mit dem Muttertier eine gravierende Rolle in der Fortpflanzungsreihe. Darum ist es vorteilhaft, wenn man die Möglichkeit bekommt, vor dem Decken Sprößlinge von ihm zu sehen.

Jede läufige Hündin duftet für einen Cairn-Rüden verführerisch.

Ein Zuchtrüde muß, damit er keine krankheitserregenden Keime beim Deckakt überträgt, hygienisch einwandfrei gehalten werden. Dazu gehört auch die regelmäßige Kontrolle und Reinigung der Geschlechtsteile. Da der Rüde sich bei der Paarung ebenfalls anstecken kann, muß er ein paar Tage nach einem Deckakt auf Entzündungen oder vermehrten Ausfluß kontrolliert werden.

▶ Läufigkeit

Zwischen dem sechsten und neunten Lebensmonat stellt sich bei der Hündin die erste Läufigkeit ein, die sich in einer persönlichen Regelmäßigkeit der Hündin im halb- bis dreivierteljährlichen Rhythmus wiederholt.

Zeitlicher Ablauf der Läufigkeit

Ca. fünf Tage vor Beginn der eigentlichen Läufigkeit
Die Scham beginnt zu schwellen, die Hündin setzt häufig Urin ab (markiert) und wird sehr anhänglich.

1. bis 10. Tag
Ausfluß: zunächst rot, dann zunehmend farbloser.

11. bis 13. Tag
Höchste Fruchtbarkeit und damit bester Zeitpunkt für den Decktermin.

14. bis 17. Tag
Die Hündin kann den Rüden immer noch annehmen, eine Befruchtung ist noch möglich.

18. bis 20. Tag
Die Hündin wehrt den Rüden ab, Befruchtungsfähigkeit ist aber noch vorhanden.

Die dritte Läufigkeit ist nach meinen Erfahrungen der richtige Zeitpunkt, die Hündin zum erstenmal decken zu lassen. Dann ist ihre Entwicklung abgeschlossen, und sie ist reif genug für eigene Welpen. (Zum Ablauf der Läufigkeit siehe Kasten oben)

Deckakt

Einige Hündinnenbesitzer lassen vor dem Decken sowohl einen Schleimhautabstrich auf Keime und Zellen als auch einen Progesterontest zur genauen Bestimmung des Eisprunges machen. Ein erfahrener Deckrüde erkennt den genauen Tag des Eisprunges, an dem eine Hündin belegt werden kann, auch ohne Labortests. Er wird mit dem Gebiß klappern, wenn er am Geschlechtsteil der Hündin riecht, und ihr dicht auf den Fersen bleiben. Im Idealfall wird er sie umwerben, ihr die Ohren lecken und mit kleinen Stupsern anzeigen, daß er sie bespringen möchte.

Lassen Sie Ihre Hündin an der Leine, damit sie in Ihrer Nähe bleibt. Während des Deckaktes ist es sinnvoll, die Hündin locker am Halsband festzuhalten, damit sie nicht im ersten Schreck wegläuft. Da der Rüde mit seinem Penis und dem Schwellkörper ca. 15 – 30 Minuten in der Hündin »hängt«, könnten sich sonst beide bei einer gewaltsamen Trennung verletzen. Man wartet, bis alles abschwillt und das Pärchen sich trennt.

Sollten Hündin und Rüde kein starkes Interesse aneinander zeigen, beißt die Hündin den Rüden sogar weg, ist der Decktag nicht richtig gewählt und muß neu geplant werden. Zeigt der Rüde starkes Interesse, die Hündin ist aber trotz nachgelassener Blutung und abgeschwollener Scham nicht zur Paarung bereit, kann man versuchen, sie mit Geduld und mit Hilfe des Rüden von ihrem Glück zu überzeugen. Nach zwei Tagen kann der Deckakt wiederholt werden. Wird die Hündin nicht trächtig, ist es üblich, daß sie während der nächsten Hitze vom gleichen Rüden noch einmal kostenlos gedeckt wird.

Nach dem Deckakt muß man bis zum Ende der Läufigkeit gut auf seine Hündin aufpassen. Es kann sonst passieren, daß sie von einem fremden Rüden nachgedeckt wird und Welpen verschiedener Rüden zur Welt bringt.

▸ **Trächtigkeit**

1. bis 4. Woche:
Man kann kaum Veränderungen bei der Hündin feststellen. Einige werden etwas ruhiger und anhänglicher, andere können auch Schwangerschaftserbrechen haben oder freßunlustig sein.

5. bis 7. Woche:
Mit Ultraschall kann man feststellen, ob die Hündin tragend ist. Um die Rippen wird sie etwas breiter, die Zitzen entwickeln sich stärker, die Milchleiste beginnt anzuschwellen. Ein heller, schleimiger Ausfluß aus der Scheide kann auftreten. Bei Schmierblutungen oder eitrigem Ausfluß muß die Hündin dem Tierarzt vorgestellt werden. Beim Durchtasten des Bauches kann ein Fachmann die Welpen schon fühlen.

In der 6. Woche
muß die Hündin noch einmal entwurmt werden, außerdem sollte sie von diesem Zeitpunkt an Welpenfutter oder Spezialfutter für die optimale Entwicklung und Versorgung der Welpen erhalten.

Ab der 7. Woche
sind die Welpen ganz sicher durch röntgenologische Untersuchung feststellbar, sie sollte aber nur aus medizinischen Gründen durchgeführt werden.

Für ausreichende Bewegung der Cairn Terrier-Hündin muß weiterhin gesorgt werden, lediglich Überanstrengungen, Springen und extremes Treppensteigen müssen vermieden werden. Nun sollten Sie auch Kontakt zum Tierarzt oder zur Tierärztin aufnehmen, damit diese zum Zeitpunkt der Geburt erreichbar sind.

Dies ist auch die richtige Zeit, um Ihre Hündin an die Wurfkiste zu gewöhnen. Als Wurfkiste hat sich eine Transportkiste bewährt, die für die nächstgrößere Rasse vorgesehen ist. Sie ist aus Hartplastik und hat eine obere

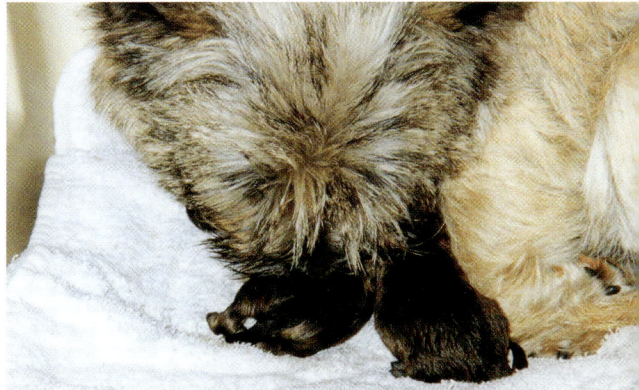

Die Hündin leckt die soeben geborenen Welpen trocken und regt damit Kreislauf und Verdauung der Kleinen an.

Innerhalb der ersten Lebenswoche verdoppeln Welpen ihr Gewicht. Die Hündin ist mit Säugen und Putzen beschäftigt und verläßt kaum die Wurfkiste.

und eine untere Hälfte, so daß die Hündin mit ihren Welpen in einer Höhle liegt, man aber im Bedarfsfall den oberen Teil schnell entfernen kann. Eine warme Decke und auskochbare Tücher sind für das Wochenbett und die erste Zeit danach aus hygienischen Gründen wichtig. Vom Fußboden darf keine Kälte aufsteigen.

Das brauchen Sie für die Geburt

- komplett ausgestattete Wurfkiste

- Karton mit Wärmflasche und Deckchen, falls ein oder mehrere Welpen in Notfällen oder während die Wurfkiste gesäubert wird, sicher untergebracht werden müssen

- Tücher zum Abrubbeln der Welpen

- Papiertücher für die Nachgeburt o. ä.

- Desinfektionsmittel für die Hände

- homöopathische Mittel zur Wehenunterstützung und Geburtswegreinigung

- Tropfen zur Atemanregung der Welpen

- Welpenmilch und Welpenflasche

- Notizheft mit Stift

- Fieberthermometer

- Telefonnummer des Tierarztes

8. und 9. Woche:

Der Bauchumfang nimmt stark zu, die Milchleisten sind deutlich ausgebildet. Mit der flachen Hand auf dem Bauch der Hundemutter lassen sich die Bewegungen der Welpen sehr gut spüren. Trägt eine Hündin viele Welpen, mag sie nicht mehr viel fressen. Dann muß man ihr viele kleinere Mahlzeiten anbieten. Eine Woche vor der Geburt haben einige Hündinnen schon Senkwehen, wobei sie ähnlich wie beim Geburtsbeginn hecheln und in ihrem Schlafkorb herumwühlen oder im Garten Gruben scharren. Die Flanken fallen ein.

▶ Geburt

Am 63. Tag nach dem Deckakt rechnen die meisten Züchter mit dem Geburtsbeginn. Vom 58. bis 66. Tag geborene Welpen sind lebensfähig. Wird der Termin überschritten, ist es wichtig, die weitere Vorgehensweise mit seinem Tierarzt abzusprechen.

12 bis 24 Stunden vor Geburtsbeginn fällt die Temperatur unter 37°C ab, und die Hündin wird ihr Futter verweigern. Steigt die Temperatur wieder an, heißt es aufpassen. Grundsätzlich soll man eine Hündin während der Geburt nicht allein lassen.

MEHRERE PHASEN ▶ In der Eröffnungsphase ist die Hündin ruhig, liegt mit Vorliebe in einer ungestörten Ecke, zittert ab und zu, als ob sie friert, es kann Schleim aus der Scham abgehen, und sie muß sich öfter lösen. In der Austreibungsphase werden die Wehen stärker und sind als Preßwehen, die sich wellenförmig über den Körper ausbreiten, erkennbar. Die Welpen werden normalerweise in der ver-

Ein Garten sollte ohne giftige Pflanzen und so angelegt sein, daß der Kleine sich nicht verletzen kann.

schlossenen Fruchthülle aus der Scham herausgepreßt. Die noch mit dem Welpen verbundene Nabelschnur und die Nachgeburt folgen mit den nächsten Preßwehen. Eine erfahrene Hündin beißt die Fruchthülle auf, die Nabelschnur durch und beleckt ihren Welpen so lange, bis er atmet und sauber ist. Sie frißt die Nachgeburt auf, sollte aber nicht alle fressen, da es sonst zu Durchfall bei ihr kommen kann. Bei großen Welpen muß man der Hündin manchmal helfen, z. B. indem Sie den Welpen mit einem feuchten Waschlappen umfassen und während einer Preßwehe vorsichtig herausdrehen. Ist die Hündin noch unerfahren, muß man oft den ersten oder zweiten Welpen von seiner Fruchthülle befreien, abnabeln und trockenrubbeln. Dies kann auch notwendig werden, wenn zwei Welpen so kurz nacheinander geboren werden, daß der Hündin zum »Auspacken« und Abnabeln des zweiten Welpen keine Zeit bleibt.

Die Geburt des nächsten Welpen kann bis zu zwei Stunden auf sich warten lassen, so daß sich eine Geburt oft über einen ganzen Tag oder eine ganze Nacht hinzieht. Sollte der Zeitabstand die zwei Stunden aber überschreiten oder treten generell Schwierigkeiten bei der Geburt auf, müssen Sie Kontakt zu Ihrem Tierarzt aufnehmen. Zählen Sie auf jeden Fall auch die Nachgeburten. Wenn eine in der Hündin verbleibt, kann das sehr gefährlich werden.

▶ Aufzucht der Welpen

In den ersten drei Wochen werden die Welpen normalerweise von der Mutter gesäugt. Am ersten Tag trinken sie bei ihr die Kolostralmilch, die sehr energiehaltig und reich an immunisierenden Antikörpern ist. Außerdem wirkt sie abführend, was wichtig ist, um das Darmpech zu entleeren. Der Nahrungsbedarf der Mutterhündin steigt, während sie ihre Welpen säugt, und sie muß mit einem hochwertigen Futter mindestens dreimal täglich gefüttert werden. Dabei ist darauf zu achten, daß sie keinen Durchfall bekommt.

Ein Welpe entdeckt seine Welt – nichts ist vor ihm sicher.

Die Welpen müssen regelmäßig gewogen werden, damit man den Zeitpunkt, an dem man mit der Zufütterung beginnt, nicht verpaßt. Ein gutes Erkennungszeichen für einen ausreichenden Futterzustand der Welpen ist außerdem ein faltenloser Bauch. Wird ab etwa der vierten Woche bei den Welpen zugefüttert, kann man die Nahrung der Mutter schrittweise reduzieren, damit sie nicht zu dick wird.

Genaueres zur Entwicklung der Welpen lesen Sie im Kapitel »Ein Cairn Terrier zieht ein« ab Seite 27.

▶ Hygiene

Regelmäßiges Entwurmen und fristgerechtes Impfen sind neben einem sauberen Umfeld die wichtigsten gesundheitsvorbeugenden Maßnahmen in der Aufzuchtphase. Keimtötende Reinigungsmittel sind nur in Ausnahmefällen erforderlich. Sie können eher Schaden anrichten, da sie bei ständigem Gebrauch Schleimhautreizungen verursachen können. Regelmäßiges Saubermachen mit neutralen Reinigungsmitteln oder auch Essig reicht für die erforderlichen hygienischen Zustände aus.

▶ Hundeausstellungen

Ausstellung und Zucht gehen oft Hand in Hand. Nicht umsonst heißen die Hundeausstellungen des KfT oder VDH offiziell »Zuchtschauen«, denn auf diesen Veranstaltungen werden die »Ergebnisse« der Rassehundezucht vorgestellt. Zuchtschauen sind bei den Rassezuchtverbänden angemeldete Veranstaltungen, und die Termine stehen z. B. in der Klubzeitschrift des KfT »Der Terrier« oder in »Der Rassehund«, dem Verbandsorgan des VDH.

In Österreich und der Schweiz können Sie sich bei den Terrier-Klubs informieren.

Auf einer Ausstellung können Sie andere Cairn Terrier beobachten und so Ihren Blick für die Rasse schärfen. Darüber hinaus bietet sie die Gelegenheit, für die weitere Zucht neue Blutlinien zu finden und auszusuchen. Außerdem freut sich jeder Züchter, wenn seine Nachzucht auf einer Hundeausstellung eine gute Plazierung in seiner Altersklasse erhält oder sogar gewinnt.

BEWERTUNG ▶ Die Hunde werden getrennt nach Rasse, Geschlecht und in verschiedenen Altersstufen von anerkannten und speziell ausgebildeten Richtern beurteilt und plaziert. Dabei liegt der Beurteilung eines Hundes der zugehörige Standard der Rasse zugrunde. Es gibt unterschiedliche Bewertungen, sogenannte Formwert-

Beim Junghundetag der Cairn Terrier wird fleißig geübt, wie man sich später im Ausstellungsring präsentiert.

noten (vorzüglich, sehr gut, gut, genügend usw.). Jeder Aussteller erhält zum Abschluß der Ausstellung eine detaillierte Beurteilung des Richters über die Qualität, Vorzüge und ggf. Mängel seines Hundes. Dazu gibt es eine Teilnahmeurkunde und für den Gewinner einen Pokal.

Wollen Sie mit Ihrem Cairn Terrier zu einer Ausstellung gehen, müssen Sie sich vorher mit den Ausstellungsbedingungen auseinandersetzen. Ihr Hund darf keine groben Fehler haben und muß in seinem bestmöglichen Zustand vorgestellt werden. Seine Haarqualität muß in Topform sein, d. h., vorher rechtzeitig zu trimmen, ist unumgänglich. Der Hund darf weder zu dick noch zu dünn, eine Hündin nicht läufig sein. Eine trächtige Hündin auszustellen, macht ebenfalls wenig Sinn. Sie wird eher lustlos neben Ihnen hertrotten, anstatt sich fröhlich zu präsentieren.

RINGTRAINING ▶ Bei einigen KfT-Ortsgruppen wird Ringtraining angeboten. Hier wird mit Ihnen trainiert, wie Sie beim Gehen oder Stehen Ihren Cairn Terrier am besten präsentieren, wie Sie ihn halten, wenn der Richter auf einem Trimmtisch seine Zähne und seinen Körper zur Beurteilung abfühlt.

Nach Aufforderung des Richters oder der Richterin müssen Sie einen großen Kreis, ein Dreieck oder noch einmal extra in eine bestimmte Richtung hin und zurück gehen, damit das Gangwerk und der Bewegungsablauf des Hundes von vorn, von der Seite und von hinten beurteilt werden kann. Ihren Cairn Terrier führen Sie dabei an Ihrer linken Seite mit einer locker durchhängenden Vorführleine. Ihr

Hund soll sich munter, fröhlich und frei bewegen. Mit der Leine hochziehen oder sogar »aufbauen« ist beim Cairn Terrier unerwünscht. All diese Dinge üben Sie beim Ringtraining, damit Sie bei Ihrer ersten Ausstellung nicht auf »technische« Schwierigkeiten stoßen.

Können Sie nicht an einem Ringtraining teilnehmen, wenden Sie sich an Ihren Züchter.

In Übersee und in einigen skandinavischen Ländern, dazu im Mutterland Großbritannien, werden Cairn Terrier auch von professionellen Vorführern, den »Handlern«, gezeigt. Es ist eine Kunst, einen Cairn Terrier im Ausstellungsring dazu zu bewegen, an loser Leine gehalten, sich lustig und fröhlich zu zeigen. Der Hund muß von seiner Statur, dem Gangwerk mit einem flüssigen Bewegungsablauf, seinem Haarkleid und seiner Ausstrahlung dem Richter das Bild eines Cairns geben, der dem Rassestandard weitestgehend entspricht. Die gute Partnerschaft zu seinem Vorführer muß ebenfalls spürbar sein. Er soll den Eindruck vermitteln: »Hier komme ich, der netteste, lustigste und schönste Hund der Welt, und mir macht es Spaß, mich mit Dir zu zeigen.« Dieser Eindruck entsteht aber nur, wenn der Hund seinen »Vorführer« gut kennt, ihm vertraut und ihn liebt.

DER GROSSE TAG ▶ Am besten fragen Sie Ihren Züchter vor Ihrer ersten Ausstellung um Rat. Er wird Sie mit den Ausstellungsbestimmungen und den Anmeldebedingungen vertraut machen, Ihnen sagen, wo Sie Ihre Startnummern und den Katalog bekommen usw. Nehmen Sie zur Ausstellung die Ahnentafel und den Impfausweis Ihres

Vielleicht wird der Kleine ein Champion wie sein Vater?

Hundes mit. Sehr wichtig: Seine Tollwutimpfung muß mindestens vier Wochen vorher erfolgt, darf aber auch nicht älter als ein Jahr sein. Weiterhin benötigen Sie einen Käfig oder eine Decke, Vorführleine, Trimmutensilien, Trink- und Freßnapf, Wasser, Futter und vielleicht einen Kauknochen und für sich selbst Klappstuhl und Verpflegung. Sollte die Ausstellung auf einem Freigelände stattfinden, sind manchmal Sonnenschirm oder Regenkleidung erforderlich.

Natürlich ist eine Ausstellung auch ein sportlicher Wettkampf, bei dem es um Gewinnen und Verlieren geht. Sie können Vergleiche zwischen den eigenen und fremden Cairn Terriern ziehen. Ausstellungsbesuch ist aber auch ein Hobby, bei dem man nette Menschen mit den gleichen Interessen kennenlernen kann. Deshalb sollte man

auch nicht zu traurig sein, wenn der eigene Cairn Terrier nicht zu den Gewinnern gehört. Ein ständiges Üben und Verbessern, evtl. auch des Trimmens, bringt Sie Ihrem Ziel bestimmt näher. Wenn an einem Tag mehrere hervorragende Cairn Terrier auf der gleichen Ausstellung sind, wird sich der Richter oder die Richterin doch nur für einen Tagessieger entscheiden können. Rassebester zu sein, ist ein großer Erfolg für einen Aussteller oder Züchter. Wenn man dann noch auf verschiedenen Ausstellungen bei verschiedenen Richtern die Anwartschaften für einen Champion-Titel erhält und nach Erfüllung der Anforderungen dem Cairn Terrier dieser Titel anerkannt wird, ist dies ein großer Tag für den Hund und seinen Besitzer. Es ist aber vor allen Dingen ein großer Erfolg für den Zwinger, aus dem der Hund stammt.

Service

Service

▶ **AALSTRICH** Ein dunkler Farbstrich, der sich auf dem Rücken des Hundes vom Nacken bis zur Rute zieht. Er ist beim Cairn vor allem bei Welpen zu beobachten.

▶ **ABLEGEN** Der Hund wird per Befehl zum Liegen auf einem bestimmten Platz gebracht. Diesen darf er erst mit Erlaubnis wieder verlassen.

▶ **ABRUFEN** Der Hund wird per Höroder Sichtzeichen dazu veranlaßt, zu Herrchen oder Frauchen zurückzukommen.

▶ **ABZEICHEN** Andersfarbige Flecken im Fell des Hundes. Beim Cairn Terrier erlaubt sie der Rassestandard nicht.

▶ **AFTERKRALLE/ -KLAUE/ -ZEHE** Auch als Wolfskralle bekannt. Grundsätzlich verschwundene fünfte Zehe am Hinterlauf. Bei manchen Hunden taucht sie noch als verkümmerter Rest an der Innenseite der Pfote auf. An den Vorderläufen taucht dieses Rudiment immer auf. Die Entfernung ist nach der Novellierung des Tierschutzgesetzes nur noch nach medizinischer Indikation möglich.

▶ **AGILITY** Geschicklichkeitssport für Hund und Mensch.

▶ **AHNENTAFEL** Auch Stammbaum genannt. Vom jeweiligen Zuchtbuchamt ausgestellter Abstammungsnachweis eines Rassehundes.

▶ **ALPHATIER** Das ranghöchste Tier im Rudel.

▶ **ANALDRÜSEN/-BEUTEL** Unter der Haut befindliche paarige Drüsen am After des Hundes, die beim Kotabsatz die spezifische Duftmarke des Hundes abgeben.

▶ **ANKÖRUNG** Eingehende Prüfung eines Hundes auf Zuchttauglichkeit. Die Körung stellt die erweiterte Zuchtzulassung dar.

▶ **APPORTIEREN** Heranbringen eines Gegenstandes. Bei der Jagd das Bringen des erlegten Wildes.

▶ **BIS** Best in Show (Tagessieger einer Ausstellung).

▶ **BLUTLINIE** Ahnenreihe einer Rassefamilie.

▶ **BOB** Best of Breed (Sieger einer Rasse bei einer Ausstellung).

▶ **BRINGFREUDE** Von ihr spricht man bei einem Hund, der von Natur aus gern apportiert. Erwarten Sie hier nicht zuviel von Ihrem Cairn.

▶ **BÜRSTE** Gesträubte Nackenhaare bei Erregung.

▶ **CAC:** Certificat d'Aptitude au Championat (Championanwartschaft auf einer Spezialhundeausstellung).

▶ **CACIB:** Certificat d'Aptitude au Championat International de Beauté (Championanwartschaft auf einer internationalen Ausstellung). Wird zur Erlangung eines Internationalen Champion benötigt.

▶ **CHROMOSOMEN** Träger der Erbanlagen; der Hund hat 39 Chromosomenpaare.

▶ **DECKHAAR** Harsches, längeres Haar, das den Cairn »wetterfest« macht. Muß regelmäßig getrimmt werden.

▶ **DOMESTIKATION** Haustierwerdung von Wildtieren; planmäßige Züchtung von Haustieren aus Wildtieren.

▶ **EKTROPIUM** Augenlidausstülpung.

▶ **ENTROPIUM** Augenlideinstülpung.

▶ **ENTWURMUNG** Prophylaxe bzw. Bekämpfung von Endoparasiten (Würmern).

▶ **ERDARBEIT** Arbeit unter der Erde im Dachs-, Fuchs- oder Kaninchenbau. Vorsicht! Ihr Cairn zählt sicher auch das Ausbuddeln von Kartoffeln oder das Zerpflügen der heimischen Blumenrabatten dazu.

▶ **FÄHRTENHUND** Speziell auf das Verfolgen schwieriger (Duft-)Spuren, also Fährten, abgerichteter Hund.

▶ **FAHNE** An der Rutenunterseite lang herabhängendes Haar. Ist beim Cairn nicht erwünscht.

▶ **FANG** Schnauze des Hundes.

▶ **FCI:** Fédération Cynologique Internationale = Internationale Kynologische Vereinigung; Dachorganisation von Züchterverbänden und Hunde-Klubs in der ganzen Welt.

▶ **GANGWERK** Bewegungsapparat.

▶ **GEBÄUDE** Körperbau.

▶ **GEBISS** Das Milchgebiß besteht aus 32 Zähnen, das Dauergebiß sollte möglichst 42 kräftige Zähne aufweisen. Der Rassestandard fordert ein Scherengebiß.

▶ **GEHÖR** Bei Hunden sehr gut entwickelt; vor allem sehr hohe Töne (Ultraschall) werden gehört.

▶ **GERUCHSSINN** Bestentwickelter Sinn des Hundes.

▶ **GESTROMT** Streifenzeichnung im Fell.

▶ **HD** Hüftgelenksdysplasie; krankhafte Veränderung der Hüftgelenke; keine rassespezifische Erkrankung beim Cairn Terrier.

▶ **HITZE** Anderer Ausdruck für Läufigkeit. In dieser Zeit hat die Hündin ihre Regelblutung und anschließend ihren Eisprung.

▶ **HOSE** Längere Behaarung am Po des Cairn Terriers, oft in der Farbe heller als das übrige Haarkleid.

▶ **IMPONIERVERHALTEN** Mimische Ausdrucksform (z.B. Drohgebärden), mit der die Rangordnung kampflos geregelt wird, aber auch Werbeverhalten von Rüden gegenüber Hündinnen.

▶ **INZUCHT** Paarung nah verwandter Tiere.

▶ **KFT** Klub für Terrier; betreut in Deutschland 28 verschiedene Terrierrassen.

▶ **KÖRUNG** Siehe Ankörung.

▶ **KOLOSTRALMILCH** Erstmilch, die wegen ihres hohen Nährstoffgehaltes und ihrer Antikörper für Welpen lebenswichtig ist.

▶ **KRUPPE** Hinterteil des Hunderückens vom letzten Lendenwirbel bis zum Rutenansatz.

▶ **KUPIEREN** Mittlerweile verbotenes Kürzen von Rute und Ohren; wurde beim Cairn nie durchgeführt.

▶ **KYNOLOGIE** Lehre vom Hund.

▶ **LÄUFE** Beine des Hundes.

▶ **LÄUFIGKEIT** Siehe Hitze.

▶ **LEFZEN** Lippen des Hundes.

▶ **LEINENRUCK** Erziehungshilfsmittel bei der Hundeausbildung.

▶ **LINIENZUCHT** Paarung blutsverwandter Hunde.

▶ **LOH** Hell- oder leuchtendbraune Abzeichen im Fell, die beim Cairn Terrier nicht erlaubt sind.

▶ **MASKE** Dunklere Farbpartie um den Fang; beim Cairn oft auch dunklere Ohren. Man spricht hier von den »dark points«.

▶ **MOLAREN** Hintere Backenzähne.

▶ **NASENSCHWAMM** Auch Nasenspiegel genannt; es handelt sich um die vordere, mit ledriger Haut überzogene Nasenspitze, die beim Cairn Terrier von schwarzer Farbe sein muß.

▶ **OHRENZWANG** Gehörgangsentzündung.

▶ **PRÄGUNG** Aktives Kennenlernen der Umwelt in der 4. bis 8. Lebenswoche. Diese Erfahrungen, positive wie negative, vergißt der Hund nie wieder.

▶ **PRÄMOLARE** Vordere Backenzähne.

▶ **RANGORDNUNG** Soziales Gefüge innerhalb des Rudels.

▶ **RASSE** Untergruppe einer Art, bei der alle Individuen bestimmte Merkmale und Eigenschaften aufweisen.

▶ **RUDEL** Familiäre Gruppierung.

▶ **RÜCKBISS** Der Unterkiefer ist zu kurz und unterbeißt den Oberkiefer.

▶ **RÜDE** Männlicher Hund.

▶ **RUTE** Schwanz des Hundes.

▶ **SCHERENGEBISS** Beim Cairn Terrier vorgeschriebene Gebißform, bei der die Schneidezähne des Unterkiefers knapp hinter den Schneidezähnen des Oberkiefers liegen.

▶ **SCHNEIDEZÄHNE** Vordere Zahnreihen in Ober- und Unterkiefer, bestehend aus je 6 Zähnen.

▶ **SCHUR** Mit der Schere oder dem Scherapparat wird das Haarkleid des Hundes in Form geschnitten. Keinesfalls darf dieses beim Cairn geschehen; schwere Hautprobleme können die Folge sein.

▶ **STAMMBAUM** Siehe Ahnentafel.

▶ **STANDARD** Offizielle Rassebeschreibung.

▶ **STOP** Stirnabsatz zwischen Schädel und Nasenbein.

▶ **TRIMMEN** Auszupfen abgestorbener Haare zur Förderung des Fellwechsels und des standardgerechten, gepflegten Aussehens des Cairn Terriers.

▶ **TURNIERSPORT** Wettbewerb mit Gehorsams- und Geschicklichkeitsübungen.

▶ **UNTERWOLLE** Dichtes, weiches Haar, welches unter dem harschen Deckhaar wächst und der Wärmeisolierung dient.

▶ **VDH** Verband für das Deutsche Hundewesen e. V.; Dachorganisation der deutschen Hundezuchtverbände.

▶ **VORBISS** Die Schneidezähne des Unterkiefers beißen deutlich vor die Schneidezähne des Oberkiefers. Es handelt sich um eine unerwünschte Gebißform.

▶ **WELPE** Junghund bis zum Ende des dritten Lebensmonats.

▶ **WIDERRIST** Höchster Punkt der Rückenlinie. Am Widerrist wird die Höhe des Hundes gemessen.

▶ **WINKELUNG** Stellung der Gelenke.

▶ **WOLFSKRALLE** Siehe Afterkralle.

▶ **WURF** Alle Welpen einer Hündin bei einer Geburt.

▶ **ZANGENGEBISS** Die Schneidezähne von Ober- und Unterkiefer stehen wie eine Zange aufeinander. Es handelt sich um eine unerwünschte Gebißform.

▶ **ZUCHT** Bewußte, verantwortungsvolle Auswahl von Elterntieren zur Erhaltung einer Rasse.

▶ **ZUCHTBUCH** Die Registrierung von Welpen und ihren Eltern in einem Hundezuchtverein.

Der Cairn Terrier

- F.C.I.-Standard Nr. 4/12.03.1998/D
- Übersetzung von Elke Peper
- Ursprungsland: Großbritannien
- Verwendung: Terrier

INFORMATION ZUM RASSESTANDARD

Der Rassestandard ist eine genaue Beschreibung der körperlichen und charakterlichen Merkmale, die ein Rassetier aufweisen muß. Er wird nach den Bestimmungen der Fédération Cynologique Internationale (FCI), der internationalen Dachorganisation des aner-kannten Hundewesens vom Ursprungsland der Rasse festgelegt. Im Falle des Cairn Terriers wurde der neueste Standard vom englischen Kennel Club im Juni 1987 herausgegeben.

ALLGEMEINES ERSCHEINUNGSBILD

Flink, aufmerksam, arbeitsfreudig und urwüchsig in seinem Erscheinungsbild. Auf den Vorderpfoten gut nach vorn stehend. Vor- und Hinterhand kraftvoll, tiefer Brustkorb, sehr freier Bewegungsablauf, wetterfestes Haarkleid.

VERHALTEN UND CHARAKTER (WESEN)

Er sollte einen aktiven, mutigen und robusten Eindruck machen. Furchtlos und fröhlich, sehr selbstsicher, jedoch nicht aggressiv. *Der Cairn Terrier war und ist ein Rudelhund und soll nicht nur gegenüber seinen Artgenossen verträglich sein. Terriertemperament und Aggressivität liegen dicht beieinander und müssen durch Erziehung in die richtigen Bahnen gelenkt werden. Eine gewisse Unsicherheit muß er durch Neugier besiegen, Ängstlichkeit paßt nicht zu dieser Rasse.*

KOPF

Klein, jedoch im richtigen Verhältnis zum Körper stehend. Gut behaart.
Der Kopf darf weder klobig, noch wie beim Scottish Terrier groß und schwer sein. Man kann ihn eher mit einem Katzenschädel vergleichen, was durch den erwünschten kurzen, aber nicht spitzen Fang unterstützt wird. Der Ausdruck des Kopfes ist eines der wichtigsten Details im Erscheinungsbild des Cairn Terriers, der u. a. nur durch ausreichende Behaarung erreicht werden kann.

OBERKOPF

SCHÄDEL Breit, mit einer deutlichen Einsenkung zwischen den Augen.
STOP Deutlich.
Die Einsenkung zwischen den Augen und der deutlich vorhandene Stop zwischen Vor-

derschnauze und dem Schädel ist für den Ausdruck des Cairn Terriers wichtig.

GESICHTSSCHÄDEL
NASENSCHWAMM Schwarz.
FANG Kräftig.
KIEFER/ZÄHNE Große Zähne. Kiefer kräftig, aber nicht lang oder schwer, mit einem perfekten, regelmäßigen und vollständigen Scherengebiß, wobei die obere Schneidezahnreihe ohne Zwischenraum über die untere greift und die Zähne senkrecht im Kiefer stehen.
Große, kräftige Zähne in einem gleichmäßigen Kieferbogen sind für das Gebiß dieses noch immer zur Jagd genutzten Hundes wichtig. Von den 42 Zähnen, die vorhanden sein sollen, sind 4 fehlende Prämolaren erlaubt. Sehr kleine Zähne, größere Fehlzahlen oder schräg stehende Zähne sollen bei einem Zuchthund allerdings nicht vorkommen, damit wir ein standardgerechtes Gebiß erhalten.
AUGEN Weit voneinander angeordnet, mittelgroß, dunkelhaselnußbraun. Etwas tief liegend mit struppigen Augenbrauen.
Eng stehende Augen, die zudem noch hell oder schwarz sind, verfälschen den typischen »foxy«-Ausdruck des Cairn Terriers. Durch die buschigen Augenbrauen erhält er seinen faszinierenden Blick.

OHREN Klein, spitz, aufrecht stehend und gut getragen, weder zu eng stehend noch zu stark behaart.
Wer sich Eselsohren oder Schottenohren ansieht, merkt recht schnell, was mit der anderen Plazierung der Cairn Terrier Ohren gemeint ist. Wenn man von einer Ohrenspitze über ein Auge bis zur Nasenmitte und wieder über das andere Auge bis zur anderen Ohrenspitze einen 60°-Winkel bildet, hat man die ideale Stellung von Auge und Ohren.

HALS

Gut aufgesetzt, nicht zu kurz. *Der sogenannte »stuffy neck«, ein kurzer Hals, oft verbunden mit einer breiten Front, läßt den Cairn Terrier plump erscheinen. Ein langer, dünner Hals ist ebenfalls nicht erwünscht.*

KÖRPER

RÜCKEN Gerade, von mittlerer Länge. Bei einem geraden Rücken wird man meist auch einen guten Rutenansatz finden.
Alles am Cairn Terrier soll mittelhoch, mittelschwer oder mittellang sein, nicht nur der Rücken, dadurch hat er seine ausgeglichenen Proportionen und gute Beweglichkeit.
LENDE Kräftig, geschmeidig.
BRUST Gut gewölbte, weit zurückreichende Rippen.

Der gut entwickelte Brustkorb liegt zwischen den Vorderbeinen und ist nicht mit dem Brustkorb eines hochläufigen Terriers vergleichbar.

RUTE

Kurz, zum Körper passend; gut behaart, aber nicht befedert. Weder zu hoch noch zu niedrig angesetzt. Fröhlich, aber nicht über den Rücken gezogen getragen. *Ein aufmerksamer Cairn Terrier trägt seine Rute aufrecht und in einer 1- oder 2-Uhr-Position. Sie soll die Form einer umgedrehten Karotte haben und weder zu kurz noch zu lang sein. Die Rutenspitze und die Ohrenspitzen sollen auf einer Höhe liegen.*

GLIEDMASSEN

VORDERHAND Läufe von mittlerer Länge; kräftige, aber nicht zu schwere Knochen. Gut mit harschem Haar bedeckt.

SCHULTERN Schräg gelagert.

ELLENBOGEN Keinesfalls in den Ellenbogen ausdrehend.

HINTERHAND Oberschenkel sehr kräftig, muskulös. Kniegelenke gut, aber nicht übertrieben gewinkelt.

SPRUNGGELENKE

Tiefstehend; von hinten betrachtet weder ein- noch auswärts gedreht. *Die Vorderbeine müssen in ei-*

ner geraden Linie nach vorn gehen und dürfen weder schlenkern noch kreuzen. Nur eine gut bemuskelte und gut gewinkelte Hinterhand kann ausreichend Schub erzeugen, bei einer steilen Hinterhand würde der Cairn Terrier stelzen.

PFOTEN Die Vorderpfoten, die größer als die Hinterpfoten sind, dürfen geringfügig nach außen gedreht werden. Dicke, kräftige Ballen. Dünne, schmale oder gespreizte Pfoten sind zu beanstanden. *Als Arbeitsterrier in rauher Gebirgslandschaft brauchte der Cairn Terrier seine kräftigen, geschlossenen Pfoten, auf deren Erhalt Wert gelegt werden soll. Die Krallen müssen kurz gehalten werden.*

GANGWERK

Sehr freie, fließende und raumgreifende Bewegung. Die Vorderläufe greifen weit aus, die Hinterhand erzeugt einen kräftigen Schub. Sprunggelenke dabei weder zu eng zueinander, noch zu weit voneinander.

HAARKLEID

HAAR Von großer Bedeutung, wetterfest. Unerläßlich ist ein doppeltes Haarkleid mit üppigem, harschem, aber nicht drahtigem Deckhaar; Unterwolle kurz, weich und dicht. Offenes Haarkleid ist zu beanstanden. Eine leichte Wellung ist gestattet.

Sein wetterfestes Haarkleid muß regelmäßig gekämmt und getrimmt werden, damit es seine Schutzfunktion erhalten kann und der Cairn keinen ungepflegten, zottigen oder gar verwahrlosten Eindruck macht. Eine Formgebung, die seinen Typ verändert, ist unerwünscht. Das natürliche Erscheinungsbild soll erhalten bleiben.

FARBE Cremefarben, weizenfarben, rot, grau oder fast schwarz. Bei all diesen Farben ist eine Stromung zulässig. Reines Schwarz, Weiß oder Schwarz und Loh sind nicht erlaubt. Dunkle Abzeichen an Ohren oder Fang sind sehr typisch.

GRÖSSE UND GEWICHT Widerristhöhe ca. 28 – 31 cm (11 – 12 ins), dabei immer im richtigen Verhältnis zum Gewicht; dieses beträgt idealerweise 6 – 7,5 kg (14 – 16 lbs).

FEHLER

Jede Abweichung von den vorgenannten Punkten sollte als Fehler angesehen werden, dessen Bewertung in genauem Verhältnis zum Grad der Abweichung stehen sollte.

Als Fehler ist anzusehen: leichter, windiger Knochenbau, massiger Körper, zu lang oder zu kurz im Rücken, zu tiefer Rutensitz, Senkrücken, kleine Pfoten, Platt- oder Spreizfüße, zu

schmaler und zu langer
Schädel,
Vor- oder Rückbiß, hervor-
tretende, zu helle oder
schwarze Augen, zu große
Ohren und abgerundete
Ohrspitzen, weiches oder
lockiges Haarkleid, man-
gelnde Unterwolle, helle
Nase oder Pfoten.

N. B.
Rüden müssen zwei offen-
sichtlich normal entwickelte
Hoden aufweisen, die sich
vollständig im Hodensack
befinden.

► **Zum Weiterlesen**

Beck, Peter: Das Beste für
meinen Hund. Stuttgart
1995.

Becvar, Dr. Wolfgang: Natur-
heilkunde für Hunde. Stuttgart 1994.

Carter, Christine: The Cairn
Terrier. Neptune 1995.

Durst-Benning, Petra und
Carola Kusch: Der große
Spiele-Spaß für Hunde.
Stuttgart 1997.

Durst-Benning, Petra: Kräu-
terapotheke für Hunde.
Stuttgart 1998.

Feddersen-Petersen, Dr. Do-
rit: Hundepsychologie.
Stuttgart 1989.

Harries, Brigitte: Hunde-
sprache verstehen. Stuttgart
1998.

Harries, Brigitte: Ein Welpe
kommt ins Haus. Stuttgart
1995.

Hertrich, Hans-Günter:
Hundespaß Agility. Stutt-
gart 1998.

Hoefs, Nicole und Petra
Führmann: Das Kosmos
Erziehungsprogramm für
Hunde. Stuttgart 1999.

Horner, Tom: Terriers of the
World. London 1957.

Jones, Renate: Welpenschule leichtgemacht. Stuttgart
1997.

Kejcz, Yvonne: So sag' ich's
meinem Hund. Stuttgart
1992.

Kejcz, Yvonne: Unser Hund
wird alt. Stuttgart 1994.

Krämer, Eva-Maria: Das Kos-
mos-Hundebuch. Stuttgart
1995.

Krämer, Eva-Maria: Der Kos-
mos-Hundeführer. Stuttgart
1999.

Lausberg, Frank: Erste Hilfe
für den Hund. Stuttgart
1999.

Marvin, John: The Complete
Cairn Terrier. New York
1975.

Peper, Wilfried und Ger-
hard Bottenberg: Der Cairn
Terrier. Köln-Braunsfeld
1986.

Pryor, Karen: Positiv bestär-
ken, sanft erziehen. Stuttgart 1999.

Rakow, Dr. Barbara: Der
homöopathische Hunde-
doktor. Stuttgart 1999.

Ross, John und Barbara
McKinney: Hunde verste-
hen und richtig erziehen.
Stuttgart 1994.

Ross, John und Barbara McKinney: Welpen-Kindergarten. Stuttgart 1997.

Rustige, Dr. Barbara: Hundekrankheiten. Stuttgart 1999

Schmalfuß, Ute: Mein Hund. Stuttgart 1998.

Schoen, Allen M. und Pam Procter: Mit Tieren fühlen. Stuttgart 1998.

Sonnenschmidt, Rosina: Heilende Hände für Tiere. Stuttgart 1999.

Stein, Petra: Bach-Blüten für Hunde. Stuttgart 1997.

Tellington-Jones, Linda und Sybil Taylor: Der neue Weg im Umgang mit Tieren. Stuttgart 1993.

Tellington-Jones, Linda: Das Tellington-Training für Hunde. Stuttgart 1999.

Zidonis, Nancy A. und Marie K. Soderberg: Akupressur für Hunde. Stuttgart 1999.

▶ **Zeitschriften**
Der Terrier
Offizielles Mitteilungsblatt des KfT e.V.
Redaktion, Hauptgeschäftsstelle
Schöne Aussicht 9
D-65451 Kelsterbach

Unser Rassehund
Offizielles Organ des VDH e.V.
Westfalendamm 174
D-44141 Dortmund

Hunde
Offizielles Organ der SKG
Eduard Nacht
Geissbergweg 25A
Postfach 464
CH-4902 Langental

Der Hund
Deutscher Bauernverlag, Berlin.

Hunde-Revue
Symposion-Verlag, Stuttgart.

Hundewelt
Minerva-Verlag, Viersen.

Partner Hund
Gong-Verlag, Nürnberg.

Schweizer Hundemagazin
Roro-Press Verlag, Dietlikon.

▶ **Adressen**
Verband für das Deutsche Hundewesen e.V. (VDH)
Westfalendamm 174
D-44141 Dortmund
Tel: 0231-566000
Fax: 0231-592442

Klub für Terrier (KfT)
Postfach 1328
D-65442 Kelsterbach
Tel: 06107-2365
Fax: 06107-63189

Österreichischer Klub für Terrier
Haymondgasse 55/G
A-1238 Wien

Schweizer Klub für Terrier
Postfach 168
CH-5430 Wettingen

Fédération Cynologique Internationale FCI
13, Place Albert I
B-6530 Thuin

IFTA Internationale Zentrale Tier-Registrierung
Weiherstr. 8
D-88145 Hergatz

TASSO
Haustierzentralregister für die BRD e.V.
Frankfurter Str. 20
D-65798 Hattersheim

Bundes-Tierärztekammer
Oxfordstr. 10
D-53111 Bonn

Deutscher Tierschutzbund e.V.
Baumschulallee 15
D-53115 Bonn

Schweizer Tierschutz STS
An der Birsfelder Str. 45
CH-4052 Basel

Zentralverband Österreichischer Tierschutzvereine
Khleslplatz 6
A-1120 Wien

Bildnachweis

M. und H. Boelhauve (1: S. 101); Monika und Heiko Reißer (7: S. 3ol, or, m, 11, 35, 62, 108); Ralf Roppelt – Sahara Werbeagentur / Kosmos (9: Kennfotos Kap. 2–7 und 9, S. 65); Christof Salata / Kosmos (3: S. 32, 84 beide); Hans-Gerd und Ulrike Schmidt (2: S. 86/87, 95); Andreas Wetzel (2: S. 28u, 97); Christine Winter (3: S. 280, 105 beide), historische Abbildungen (3: S. 7, 8, 9).
Alle übrigen 65 Fotos von Renata Peeters – Photo Roberto.

Zeichnungen von Milada Krautmann (S. 53/115, 61, 91) und Schwanke & Raasch (S. 60).

Mit 91 Farbfotos, 2 Farbzeichnungen und 2 sw-Zeichnungen.

Alle Angaben in diesem Buch sind sorgfältig geprüft und geben den neuesten Wissensstand bei der Veröffentlichung wieder. Da sich das Wissen aber laufend weiterentwickelt und vergrößert, muß jeder Anwender selbst prüfen, ob die Angaben nicht durch neuere Erkenntnisse überholt sind. Dazu gehört z.B., im Zweifelsfall den Tierarzt zu konsultieren, Beipackzettel zu Medikamenten zu lesen, Gebrauchsanweisungen und Gesetze zu befolgen.
Hinsichtlich der Zuchtzulassungskriterien, Ausstellungskriterien, Rassestandards, Prüfungsordnungen usw. sind stets die aktuellen Bestimmungen der Verbände, insbesondere von VDH und FCI, maßgeblich.

Impressum

Umschlaggestaltung von Atelier Reichert, Stuttgart, unter Verwendung von 3 Farbfotos von Renata Peeters – Photo Roberto.

Die Deutsche Bibliothek – CIP-Einheitsaufnahme

Reißer, Monika:
Cairn-Terrier : [Auswahl, Haltung, Erziehung, Beschäftigung] / Monika Reißer. – Stuttgart : Kosmos, 1999
    (Praxiswissen Hund)
    ISBN 3-440-07774-8

ISBN 3-440-07774-8
Lektorat: Claudia Sträb
Projektleitung: Angela Beck
Grundlayout: Friedhelm Steinen-Broo, eSTUDIO CALAMAR
Herstellung: Kirsten Raue
Satz und Layout: ppp visuelle Gestalter, Stuttgart;
TypoDesign, Radebeul
Printed in Czech Republic / Imprimé en République tchéque
Druck und Binden: Těšínská Tiskárna, a. s., Český Těšín

Der Kosmos Verlag ist Mitglied in der

GKF

Gesellschaft zur Förderung Kynologischer Forschung e.V.

Postfach 140353
53058 Bonn
Service-Telefon
01 80 / 3 34 74 94

Hundepaß

NAME

GESCHLECHT

TÄTOWIERUNG

GEWORFEN AM

BEKOMMEN AM

BESONDERE MERKMALE

WICHTIGE ADRESSEN

ZÜCHTER

TIERARZT

TIERÄRZTLICHER NOTDIENST

HUNDEVEREIN

HUNDEPENSION

ZOOFACHHANDLUNG

InfoLine

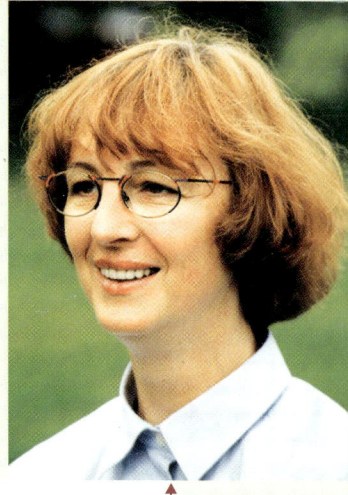

MONIKA REISSER

kam vor 20 Jahren auf den Cairn Terrier. Seit 18 Jahren züchtet sie zusammen mit ihrem Mann diese Rasse aus Überzeugung und mit viel Engagement. Sie ist Landesgruppenzuchtwartin für Niedersachsen im Klub für Terrier (KfT).

Das Trimmen rauhhaariger Terrier ist eines ihrer Spezialgebiete, auf dem sie seit mehreren Jahren auch ausbildet. Sie assistiert aushilfsweise in einer Tierarztpraxis und schreibt Artikel für verschiedene Hundemagazine.

Sie können sich mit Ihren Fragen und Problemen an Monika Reißer wenden. Schreiben Sie an die »Hunde-InfoLine« (bitte mit Rückporto)

Kosmos Verlag
»Hunde-InfoLine«
Postfach 10 60 11
D - 70049 Stuttgart